ERFOLGREICHE STEUERBERATER SIND MENSCHENSPEZIALISTEN

Manfred Strobl und Mathias Paul Weber

Bibliografische Information der Deutschen Nationalbibliothek:

Die Deutsche Nationalbibliothek verzeichnet diese Publikation in der Deutschen Nationalbibliografie; detaillierte Daten sind im Internet über:

> http://dnb.dnb.de< abrufbar.

3. Auflage September 2014

Layout: Harald Weber

Lektorat: Gabi Junker, Paul Fabian Weber

Herstellung und Verlag: Amazon CreateSpace

ISBN: 1492209759

ISBN-13: 978-1492209751

Für die Steuerberater, die sich der neuen Zeit zuwenden.

Und für alle, die sich für diese Steuerberater interessieren.

DANKSAGUNG

Unser Dank gilt allen, die uns bei der Entstehung dieses Buches direkt und indirekt unterstützt und inspiriert haben. Dazu gehört, neben vielen anderen, auch Karl Pilsl.

Persönliches Exemplar

INHALT

VORWORT

Mit diesem Buch wollen wir wachrütteln und polarisieren. Aus vielen Gesprächen wissen wir, dass dieses Buch nur eine Minderheit der Steuerberater ansprechen und erreichen wird. Doch wir sind fest davon überzeugt, dass es gerade diese Minderheit ist, die ihre Zukunft erfolgreich gestalten wird.

Jahrzehntelang galt: Steuerspezialisten sind erfolgreiche Steuerberater. Steuerberater waren knapp und gefragt. Das Steuerrecht in Deutschland sorgt dafür, dass nicht nur Unternehmer, sondern auch viele Angestellte einen Steuerberater benötigen. Eine eigene Kanzlei war die Garantie für einen steten Strom an Mandanten.

Doch die Zeiten haben sich geändert, Steuerwissen reicht nicht mehr aus, um eine Steuerkanzlei erfolgreich zu führen. Die fachliche Qualifikation ist zweifelsfrei weiterhin wichtig, doch letztlich nur noch ein Basisfaktor. Persönlichkeit und Leadership sind erfolgskritische Faktoren. Sie entscheiden über Erfolg oder Untergang einer Steuerkanzlei.

Mögen Sie die Zeichen der Zeit erkennen und die Segel richtig setzen.

Das wünschen wir Ihnen von Herzen.

Manfred Strobl Mathias Paul Weber

Nordhausen im August 2013

Die Zeichen der Zeit

Der deutsche Steuerberater ist ein Auslaufmodell. An ihm scheint der Geist der Zeit vorübergegangen zu sein. Ein Grund mag sein, dass er sich mit einer der kompliziertesten Materien befasst. Etwas, das schwieriger zu verstehen ist als Quantenphysik: das deutsche Steuerrecht. Es ist nicht nur komplex und im Detail nur sehr schwer nachzuvollziehen. Es unterliegt auch ständigem Wandel. Und es ist mit logischem Denken nicht mehr greifbar.

Der deutsche Steuerberater ist den meisten Steuerzahlern ein Sinnbild für Kompetenz, Seriosität, Vertrauen und Verlässlichkeit. Doch bei näherer Betrachtung bekommt dieses Bild Risse. Der hohe Anspruch kann immer weniger aufrecht erhalten werden, weil die Anforderungen in der täglichen Praxis ständig steigen. Es fällt dem Steuerberater zunehmend schwer, mit dieser Entwicklung Schritt zu halten. Die Schere zwischen Anspruch und Wirklichkeit geht immer weiter auseinander.

Der Hauptgrund liegt in der einseitig steuerfachlich ausgerichteten Ausbildung. Wichtige Themen wie Persönlichkeitsentwicklung, Menschenführung, Konfliktmanagement und Verhandlungsführung werden nicht gelehrt. Sie sind dem Zufall oder dem Engagement des Einzelnen überlassen.

Wir leben in Zeiten großer und tiefgreifender Veränderungen. Die Welt vor 25 Jahren war eine völlig andere als die heutige. Und die Veränderungen gehen immer schneller vonstatten, sind immer radikaler und kommen immer unerwarteter. Die Bundeswehr, jahrzehntelang ausschließlich auf die passive Landesverteidigung ausgerichtet, wird binnen weniger Jahre zu einer global operierenden Eingreiftruppe. Die D-Mark war lange Symbol für den Aufstieg und die Stabilität der Wirtschaftskraft Deutschlands. Die „Härte" der D-Mark war legendär, die Unabhängigkeit der Bundesbank als Garant für die Preisstabilität Kernstück deutscher Wirtschaftspolitik über Jahrzehnte. Und nun, gut 11 Jahre nach Einführung des Euro und der Europäischen Zentralbank ist die Bundesbank zum Statisten verkommen. Einstmals eiserne Gesetze der Wirtschafts- und Währungspolitik werden mit immer größerer Selbstverständlichkeit von der hektischen Betriebsamkeit der Tagespolitik kassiert. Mittlerweile ist Deutschland nicht mehr in einer Währungs- sondern vielmehr einer Haftungsunion und hat zentrale Positionen seiner Souveränität an Europa abgegeben.

Aber geht es nicht darum, diese Entwicklungen anzuprangern oder zu beklagen. Diese Beispiele sollen einfach bewusst machen, wie schnell und grundlegend sich sicher geglaubte Realitäten wandeln können.

Seit rund 25 Jahren wandeln sich viele Säulen, worauf viele Menschen ihr Weltbild und ihr Verständnis von Sicherheit gründeten. „Denn eins ist sicher: Die Rente" mit diesem Spruch erregte der damalige Bundesarbeitsminister Norbert Blüm 1986 Aufsehen. Mittlerweile ist klar, was nicht sicher ist: Die Rente. Das Eintrittsalter wird stets heraufgesetzt und die Leistungen abgeschmolzen. Künftig wird die gesetzliche Rente nur noch eine magere Grundversorgung darstellen.

Die Erkenntnis daraus: Die Sicherheit für den einzelnen Menschen durch das äußere, materielle Umfeld wird immer geringer.

Günter F. Gross formuliert schon 1989 in seinem Buch „Beruflich Profi, privat Amateur“:

„Wir müssen uns konditionieren für das Chaos!

Die Bedingungen werden sich zukünftig schneller ändern. Die Schwankungen werden größer werden. Strukturen und Bedingungslagen werden sich ändern. Die Machtverhältnisse und damit der Inhalt von Gesetzen werden von Wahl zu Wahl von einem Extrem in das andere gehen. Die Lebenserwartung von Bedingungslagen wird sinken.

Die Klarheit, Sicherheit und Bequemlichkeit einer langfristig gleichartigen Ordnung wird nicht mehr gegeben sein. Der Normalzustand wird der hohe Wellengang sein. Der Boden, auf dem wir uns bewegen, wird Moorboden sein.

Das Chaos wird Normalität. Chaos ist der Zusammenbruch der Ordnung. Die Zustände werden ungeordneter sein. Das Gegenteil einer Situation wird überraschend eintreten. Veränderungen werden ohne Vorwarnung hereinbrechen.

Wir werden also lernen müssen, uns unsere Lebensqualität in Situationen zu erhalten, die durch Diskontinuität geprägt sind und chaotische Züge tragen.

Chaotische Zeiten verlangen nicht nur höhere Belastbarkeit, sondern auch höhere Beweglichkeit. Eingraben bringt nichts. Wandlungsfähigkeit und Reaktionsfähigkeit sind entscheidend. Genauso auch Imagination und Voraussicht für ein präventives Handeln.

Wir werden lernen müssen, an einem Tisch des Lebens zu sitzen, der unterschiedlich lange Beine hat und bei jeder Bewegung wackelt. Wer an einem solchen Tisch seine Lebensspeisen unbeeindruckt genießen kann, der hat die genetische, philosophische und strategische Grundausstattung für diese Zeit.

Er hat das Wissen, dass es keine *geordneten Verhältnisse* geben kann und wird."

Woran findet der Einzelne Orientierung? Immer weniger im Außen, erst recht immer weniger im fachlichen Wissen.

Der Weg lautet: innere Stärke und Menschenorientierung. Man könnte auch sagen: Persönlichkeit und Leadership.

Der Steuerberater alter Schule, der alles allein machte und Kooperationen scheute wie der Teufel das Weihwasser, wird nicht mehr überleben können. Solche Exemplare sind weit jenseits der 60 und ihre Mandanten sterben mit ihnen aus. Die nachrückende Generation von Mandanten ist weitaus anspruchsvoller, wählerischer und wechselfreudiger.

Raum für Ihre Notizen:

Die Kybernetiker

Warum nennen wir uns „Kybernetiker“? Die Bedeutung des griechischen Wortes für Steuermannskunst legt schon sprachlich die Verbindung zum Abgabenrecht nahe. Doch es geht weit darüber hinaus. Auf den griechischen Schiffen der Antike fuhr neben dem Kapitän auch immer ein Kybernetiker mit. Aufgabe des Kybernetikers war nicht, das Ruder des Schiffes zu bedienen, sondern vielmehr die Rahmensituation zu beobachten und aufziehenden Unwettern weiträumig auszuweichen. Dafür sind neben einer guten Beobachtungsgabe viel Erfahrung und ein intuitives Gespür erforderlich.

Ein Kybernetiker

- sieht mehr als andere
- sieht weiter als andere
- sieht Dinge, bevor andere sie sehen

Diese Merkmale gründen im mentalen Bereich, so dass man fast von Mental-Kybernetik sprechen kann, wie das Kurt Tepperwein in seinem Buch „Die Kunst, das Leben selbst zu steuern“ überzeugend dargelegt hat.

Mentale Kybernetik

- bedeutet Umschalten vom Denken zur Wahrnehmung. Denken ist ausschließlich vom Verstand abhängig und damit von Natur aus begrenzt und vielen subjektiven Einflüssen unterworfen. Die Wahrnehmung hingegen ist vollkommen und ermöglicht ein ständiges Erfassen der Wirklichkeit hinter dem Schein.

- ist energetische Wahrnehmung. Beim Zuhören weniger auf die Worte zu achten als vielmehr die energetische Botschaft zu „hören“, denn auf dieser Ebene gibt es keine Lüge, aber auch keinen Irrtum.

- ist die Aktivierung des geistigen Potenzials.

- setzt die schöpferische Urkraft in Gang.

- ist der Weg, mit einem Minimum an Aufwand ein Maximum an Ergebnis zu erzielen und das Leben wirklich bewusst zu „führen“.

- ist die bewusste Gestaltung der Zukunft. Der Umgang mit „temporaler Logik“ und mit der „persönlichen Timeline“, so dass wir unser Schicksal und unsere Zukunft frei gestalten und auch dafür sorgen können, dass wir die Welt ein bisschen besser zurücklassen, als wir sie vorgefunden haben.

Jeder hat die Voraussetzungen, ein Kybernetiker zu sein. Wenn Sie beispielsweise angestrengt über einem Problem grübeln und Ihren ganzen Verstand einsetzen, kommt die Lösung häufig nicht. Sie lässt sich nicht erzwingen. Doch wie oft passiert es, dass in entspanntem Zustand – bei einem Spaziergang oder auch im Schlaf – plötzlich die geniale Idee erscheint. Das Unterbewusstsein hat in seinem gewaltigen Reservoir gesucht und die passende Lösung zutage gefördert.

Der Grund ist die begrenzte Wahrnehmung des Menschen. Unsere Sinne können nur etwa 8% der optischen und akustischen Eindrücke wahrnehmen. Geräusche außerhalb eines Frequenzbereiches von ca. 16 Hz bis maximal 20.000 Hz sind für uns nicht hörbar. Deshalb nehmen wir weder den Ton der Hundepfeife wahr, noch können wir die Signale der Fledermäuse hören, die sich im Bereich von ca. 100.000 Hz bewegen. Und Eulen sehen Nachts bei Lichtverhältnissen, die uns regelrecht vor die Wand laufen lassen.

Wir sind mit unseren fünf Sinnen im Vergleich zu vielen anderen Lebewesen sehr stark eingeschränkt.

Zudem ist der menschliche Wahrnehmungsapparat mit der Vielzahl der Eindrücke völlig überfordert. Pro Sekunde nehmen unsere Sinne Millionen von Eindrücken auf und leiten diese an das Gehirn weiter. Dort kann aber nur ein verschwindend geringer Teil verarbeitet und an das Bewusstsein weitergeleitet werden. Der Rest wird im Unterbewusstsein verarbeitet, gelagert und steht dort lebenslang zum Abruf bereit. Verglichen mit einem Eisberg ist der kleine sichtbare Teil das Bewusstsein. Der allergrößte Teil des Eisbergs liegt jedoch unter der Wasseroberfläche. Auch beim Menschen übersteigt die Fülle der im Unterbewusstsein gespeicherten Daten die des Bewusstseins um ein Vielfaches.

Blicken wir den Tatsachen ins Auge: Die Meinung, dass wir rational und nur aus dem Bewusstsein handeln, ist schlichtweg falsch.

Nutzen wir diese Erkenntnisse für die Stärkung unserer mentalen und intuitiven Fähigkeiten.Verbinden wir das Beste aus beiden Welten: das Rationale und Strategische mit dem Intuitiven und Emotionalen.

Wissen dient als Basis, darauf Menschenkenntnis und Führungsqualität, darauf Soft Skills und Strategien. Und all dies angebunden an die große Macht des Unterbewusstseins.

Der Weg zur Bestellung

Ein frisch bestellter Steuerberater lässt am Abend nach der Überreichung der Ernennungsurkunde seinen langen Weg Revue passieren: Die lange Zeit des Lernens, Verzicht auf Urlaub und Privatleben. Über viele Monate hinweg große Mengen an Lernstoff pauken. Und dann noch die spezielle Klausurtechnik, mit der er Riesenprobleme hatte. Stress pur. Ein langer, mühsamer und teurer Weg. Doch es ist die Eintrittskarte in einen exklusiven Club mit hohem Renommee.

Und eher zufällig liest er nach, welche Maßstäbe von offizieller Seite an die Steuerberater gestellt werden:

Die Bundessteuerberaterkammer hat die Anforderungen an das Berufsbild der Steuerberater in einer noch immer aktuellen Darstellung aus dem Jahr 2003 in einem Anforderungsprofil für Steuerberater definiert.

Fünfeinhalb Seiten umfassen allein die Überschriften zu rein steuerlichem Fachwissen!

Die Rüge für das deutsche Schulsystem, es würde nur Faktenwissen vermitteln und systematisches Wissen und Strategien auslassen, trifft auf die Steuerberaterausbildung besonders zu.

Nicht, dass wir uns falsch verstehen: Fachwissen ist wichtig und unverzichtbar. Es stellt aber nur eine von mehreren Komponenten dar, denn Fachwissen alleine ist für eine selbständige Tätigkeit nicht tragfähig.

Nach unserer Meinung werden hier systematisch „Einäugige" erzogen.

Wir halten es für fahrlässig, Steuerberater nur mit theoretischem Wissen in den Beruf zu schicken. In unserer jahrzehntelangen Erfahrung sind uns Hunderte von Kolleginnen und Kollegen begegnet. Nur die Wenigsten hatten die aus unserer Sicht erforderlichen Kompetenzen für die sachgerechte und erfolgreiche Ausübung des Berufes. Nicht selten sind uns Ignoranz, Arroganz und Überheblichkeit begegnet. Gleichwohl auch Hilflosigkeit bei dem Auftreten von neuen und unerwarteten Situationen. Wo werden Sie beispielsweise in der Steuerberaterausbildung auf das richtige Verhalten bei einer Steuerfahndungsprüfung vorbereitet? Sicher, es gibt Checklisten, doch das theoretische Wissen, dass es einen Verhaltensleitfaden gibt und die tatsächliche souveräne Anwendung in der Realität sind zwei Paar Schuhe.

Erinnern Sie sich noch an die Fahrschule? Nach dem Bestehen der Führerscheinprüfung dachten Sie, Sie könnten Auto fahren. Sicher haben auch Sie gemerkt: Wirklich Autofahren lernt man erst im Laufe der Zeit – durch Erfahrung, durch tägliche Praxis, durch neue, unerwartete Situationen – und vor allem durch Fehler.

Bekannt und dennoch neu: Fahrertraining, eine Erfahrung von Mathias Paul Weber

Vor mehr als zehn Jahren nahm ich an einem Fahrertraining auf dem Sachsenring teil. Zu diesem Zeitpunkt hatte ich seit fast 20 Jahren meinen Führerschein und hielt mich mit durchschnittlich 25.000 Kilometern pro Jahr für einen geübten Autofahrer. Doch der Seminarleiter war kein gewöhnlicher Fahrlehrer eines Automobilclubs oder eines Fahrzeugherstellers. Es war ein weltberühmter Rallye-Fahrer, der auch unter dem Spitznamen „der Rallye-Professor“ bekannt ist, weil er sich stets überaus akribisch mit der Technik des Rallyefahrens auseinandersetzte: Rauno Aaltonen. Bereits bei der ersten Theoriestunde machte er uns klar, was wir wirklich über das Autofahren wussten: nur die Grundbegriffe. Und unsere manchmal jahrzehntelange Fahrpraxis bewegte sich innerhalb der gewohnten Komfort-Zone. Rauno Aaltonen fing mit uns noch einmal ganz von vorne an. Das begann bei der richtigen Sitzhaltung: statt bequem im Fahrersitz zu „liegen“ ist es sinnvoller, aufrecht zu sitzen, um im Falle einer Notbremsung richtig auf die Bremse steigen zu können und sich entsprechend mit dem Rücken abstützen zu können. Das geht nur, wenn die Rückenlehne aufrecht gestellt ist und der Sitz soweit vorne steht, dass das Bein noch nicht ausgestreckt ist, sondern kraftvoll auf die Bremse treten kann. Auch haben wir die Handhaltung des Lenkrads neu gelernt, um in Gefahrensituationen richtig reagieren zu können.

Nach der Theorie ging es am nächsten Tag in die Praxis. Dort lernten wir, wie eine wirkliche Notbremsung erfolgt, mit und ohne Ausweichen. Wir haben wirklich gespürt, wie sich das Fahrzeug bei unterschiedlichen Geschwindigkeiten auf Nässe, auf Eis und bei Ausschalten des ESP und des ABS verhält. Der Spaß und vor allem der Lerneffekt waren phänomenal. Wir haben die Komfortzone der täglichen Fahrpraxis verlassen und uns in Situationen begeben, die die meisten noch nicht kannten, die aber jederzeit auftreten können. Intellektuell wussten wir das eigentlich alles. Aber es ist ein großer Unterschied, ob ich etwas theoretisch weiß oder ob ich es praktisch anwende.

Ein solches Fahrertraining sollte zum Pflichtprogramm für jeden Führerscheinneuling werden. Jeder Autofahrer sollte auch auf schwierige Situationen vorbereitet werden. Nicht nur theoretisch, sondern auch praktisch.

Und jeder Steuerberater sollte unbedingt neben dem umfangreichen Steuerwissen auch praktische Erfahrungen in Menschenführung, Persönlichkeitsentwicklung und Soft Skills wie Verhandlungsführung und Konfliktmanagement haben. Er muss auch dann handlungsfähig sein, wenn die Situation etwas rauer wird.

Machen Sie bitte eine kurze gedankliche Bestandsaufnahme und fragen Sie sich:

Bin ich vorbereitet?

Raum für Ihre Notizen:

In der Steuerberatung regiert das Mittelmaß

Vor kurzem sprachen wir mit einer jungen Steuerberaterin. Sie hatte vor fünf Jahren die Prüfung absolviert und war seither als angestellte Steuerberaterin in verschiedenen Kanzleien tätig. Ihr Talent lag darin, Abläufe zu optimieren, Mitarbeiter zu motivieren und zielgerichtet einzusetzen. Dabei kam ihr ihre Ausbildung als Steuerfachangestellte zu Gute. Sie stellte fest, dass sie sich in den fremdgeführten Kanzleien nicht wirklich frei entfalten konnte und beschloss, sich selbständig zu machen. Die Anfangszeit überbrückte sie mit freier Mitarbeit bei zwei Kanzleien und ging daran, einen eigenen Mandantenstamm aufzubauen. Zu dem Thema Mandantengewinnung hatten wir ein längeres Gespräch. Sie überlegte, mit ihrer Arbeit sehr zufriedene Mandanten aus den alten Kanzleien anzusprechen. Diesen Gedanken verwarf sie dann, um keine Konflikte mit ihren alten Chefs zu provozieren. Bei der Untersuchung ihrer individuellen Stärken und der daraus resultierenden Chancen entstand ein aus unserer Sicht hochattraktives Modell:

Sie ist sehr erfahren in den Denk- und Verhaltensweisen der Steuerfachangestellten, gerade in der Ausbildung. Sie weiß, wo die Schwierigkeiten liegen und wie man Wissen effektiv vermittelt. Die Ausbildung von Lehrlingen macht ihr großen Spaß und hier ist sie seit Jahren erfolgreich tätig.

Die Steuerberatung hat mit fehlendem Nachwuchs bei den Fachangestellten zu kämpfen. Dieser Trend wird sich weiter verstärken.

Was liegt also näher, als sich auf die qualifizierte Ausbildung von geeignetem Nachwuchs zu konzentrieren?

Wir sahen das Geschäftsmodell schon vor uns: eine Kanzlei, die sich auf die praxistaugliche Ausbildung von Steuerfachangestellten konzentriert. Eine Kanzlei, in der die Ausbildung nicht „nebenher läuft“, sondern den Zweck des Unternehmens bildet. Zahlreiche Steuerberaterkanzleien hätten sich sicher gerne an den Kosten beteiligt und im Gegenzug gut ausgebildete und motivierte Steuerfachangestellte erhalten.

Doch der Nachteil für die junge Steuerberaterin: ein solches Modell ist noch nicht hinreichend in der Praxis bekannt. Zudem hat sie keine Erfahrung in der Umsetzung neuer Geschäftsideen. Und schließlich war ihr das Risiko zu groß. Sie entschloss sich daher, den zwar mühsamen aber ihr bekannten Weg weiter zu gehen.

Einerseits schade. Andererseits wird ein anderer Steuerberater diese Idee aufgreifen und umsetzen.

Die Ausbildung zum Steuerberater und besonders die Prüfungsvorbereitung bringt alle Prüflinge auf einen gleichmäßig hohen und breiten Wissensstand, den sie später in ihrem Berufsleben nie wieder erreichen. Auf dem Weg in die Selbständigkeit ist es wichtig, bestehende Mandate zu festigen und neue zu finden. Hierbei gehen die allermeisten den Weg des Mittelmaßes: sie schauen, was andere tun und versuchen dort ihr Glück. Das führt dazu, dass der Markt der Existenzgründer nicht nur von Unternehmensberatern und Rechtsanwälten, sondern auch von Steuerberatern regelrecht umlagert ist. Und sie bieten dabei die klassischen Dienstleistungen an: Lohn- und Finanzbuchhaltung, Jahresabschluss und Steuererklärungen.

Der gewohnte Einheitsbrei an Leistungen. Er unterscheidet sich in Qualität und Preis, doch es gibt nichts wirklich Neues.

Die traditionellen Felder Lohn und Buchhaltung, Abschluss und Steuererklärungen werden von immer mehr kleinen wie großen Kanzleien bestellt. Es herrscht zunehmend ein Verdrängungswettbewerb und die Erträge sinken.

Aus Sicht des Marketings spricht man von einem „roten Ozean“. Kennzeichen hierfür sind:

- Wettbewerb im vorhandenen Markt
- Die Konkurrenz schlagen
- Existierende Nachfrage nutzen und abschöpfen
- Preiskampf durch Vergleichbarkeit

Deutlich erfolgversprechender wäre es für die jungen Steuerberater, von dem roten in den „blauen Ozean“ zu wechseln. Kennzeichen des blauen Ozeans sind:

- Neue Märkte schaffen
- Die Konkurrenz umgehen
- Neue Nachfrage kreieren
- Freie Preisgestaltung durch neuartige Leistung

Diese Strategie des blauen Ozeans funktioniert auch in der Steuerberatung. Das wird an dem Beispiel auf der folgenden Seite deutlich. Dabei lohnt es sich, Zeit und Energie zu investieren. Neue Wege sind auf den ersten Blick meist nicht erkennbar, sie müssen erdacht und gegangen werden.

Erfolgreiche Positionierung als SteuerConflictCoach – Mathias Paul Weber

„Nach der Ausbildung zum Steuerinspektor und abgeleistetem Wehrdienst war ich drei Jahre in der Finanzverwaltung, genau genommen in der Oberfinanzdirektion Frankfurt am Main tätig. Weil ich mir nicht vorstellen konnte, den Rest meines Lebens in der Finanzverwaltung zu verbringen, wechselte ich in ein Steuerberaterbüro und absolvierte die Prüfung. Anschließend war ich rund zehn Jahre in verschiedenen Kanzleien, zunächst als Angestellter, dann als Selbständiger tätig. Ich habe zudem verschiedene Konstellationen mit Rechtsanwälten ausprobiert, um schließlich doch wieder zu einer Einzelkanzlei zurückzukehren. In den Kanzleien habe ich die klassische Steuerberatung (Lohn- und Finanzbuchhaltung, Jahresabschluss und Steuererklärungen) betrieben. Doch all dies erfüllte mich nicht wirklich. Es dauerte dennoch gut zehn Jahre bis ich erkannte, dass dies nicht das war, was ich wirklich wollte. Wenn Sie mich fragen, warum mir dies nicht früher klar geworden ist: ich habe vorher nicht in diese Richtung gedacht, es nicht für möglich gehalten, dass es noch etwas anderes als die „klassische Steuerberatung" gibt.

Aus diesem Grund ist es so wichtig, sich zu informieren, welche Möglichkeiten sich in dem eingeschlagenen Berufsfeld ergeben. Und die eigenen Neigungen, Wünsche und Talente spielen natürlich eine ganz große Rolle. Wenn Klarheit über die eigenen speziellen Neigungen und Ziele herrscht und diese noch mit einer Nische in dem Berufsfeld in Einklang gebracht werden kann, ist es das Beste, was passieren kann.

Dabei spielen Inspiration (die Anregung, neue Wege zu erkunden) und Ermutigung durch das Umfeld eine große Rolle.

Ich fand die Inspiration in einem Workshop meines Freundes Kai-Jürgen Lietz, der sich mittlerweile als Deutschlands führender EntscheiderCoach etabliert hat. Der Workshop befasste sich unter anderem mit dem Thema der persönlichen Stärken und Neigungen. Ich fand heraus, dass mich an der Tätigkeit als Steuerberater weniger das Alltagsgeschäft als vielmehr die Konfliktfälle interessierten. Schon in meiner Zeit in der Ausbildung und später in der Oberfinanzdirektion fand ich weniger die steuerfachliche Seite wichtig, die menschliche Komponente war für mich weitaus spannender. Warum gibt es überhaupt Auseinandersetzungen zwischen Steuerzahler, Steuerberater und Finanzamt? Warum ist die Steuermoral in Deutschland fundamental anders als die in den USA? Wie entstehen Konflikte, welche Ursachen und Verhaltensweisen liegen ihnen zugrunde? Und wie kann ein Weg gefunden werden, die Steuerkonflikte für alle Seiten verträglich und dauerhaft zu lösen?

Endlich war es heraus! Meine Leidenschaft war entdeckt. Nach einigen Wochen war auch der richtige Name gefunden: SteuerConflictCoach. Aus Gründen des Schriftbildes habe ich mich bewusst für die englische Schreibweise entschieden. Nun hatte meine berufliche Passion auch einen Namen, den ich mir gleich schützen ließ. Von da an ging es steil bergauf: Ich kontaktierte Journalisten und Redakteure, zog durch Deutschland und hielt Vorträge wie „Mein Freund vom Finanzamt". Irgendwann erhielt ich den Anruf einer Redakteurin, die einen Artikel für die Frankfurter Allgemeine Sonntagszeitung schreiben wollte. Als dann der Artikel „Ein Lächeln für das Finanzamt" in einer ganzseitigen Aufmachung erschien, nahmen nicht nur die Anfragen der Kunden, sondern auch die der Medien zu. Die Folge waren weitere Presseartikel, Auftritte in verschiedenen

Radiosendungen und sogar zweimal Gast im Studiogespräch bei N24.

Ich berichte das so ausführlich, um Ihnen zu zeigen, welche Dynamik eine Idee entwickeln kann, die im Einklang mit Ihren inneren Wünschen steht.

Ich bin fest davon überzeugt, dass jeder Mensch eine ganz besondere Talentstruktur aufweist. Etwas, das ihn von allen anderen Menschen abhebt. Unsere Aufgabe als Menschen ist es, diese Einzigartigkeit zu entdecken und umzusetzen. Natürlich ist nicht jeder für eine Unternehmerlaufbahn geschaffen. Wenn das so wäre, würden den Firmen die Mitarbeiter ausgehen und viele gute Ideen brauchen Menschen, die sich mit engagieren.

Was ich möchte, ist Sie zu inspirieren, nach Ihrem beruflichen Lebenstraum zu forschen. Ihre innere Stimme zu finden und mehr und mehr auf sie zu hören.

Wenn Sie Ihre innere Stimme gefunden haben, möchte ich Sie ermutigen. Ja, ich möchte dass Sie Mut fassen, auf diese Stimme zu hören. Und es gehört eine Menge Mut dazu, einen bekannten und sicheren Hafen zu verlassen und sich auf das Meer der Chancen aber auch der Ungewissheit hinaus zu begeben."

„Ein Schiff im Hafen liegt sicher – doch dafür wurde es nicht gebaut." (Seneca)

Verschlafene Trends, die umso schneller eintreten werden

Die Steuerberater können sich an den Ärzten und Rechtsanwälten orientieren. Diese Berufsgruppen haben frühzeitig erkannt, dass ein einzelner Arzt oder Rechtsanwalt nicht die ganze Bandbreite des beruflichen Spektrums abdecken kann. Ein Arzt käme im Gegensatz zu einem Steuerberater niemals auf die Idee zu behaupten, er könne das Wissen der gesamten Medizin darstellen. In der Medizin gibt es entweder Generalisten (den Hausarzt) oder Spezialisten (den Internisten, Radiologen oder Hals-Nasen-Ohren-Arzt). Auch in der Rechtsberatung hat sich das „Hausarzt – Facharzt – Prinzip" durchgesetzt. Der Rechtsanwalt vor Ort ist der erste Ansprechpartner; in komplexen Fällen „überweist" er an einen Spezialisten.

Rechtsanwälte haben deutlich früher als Steuerberater erkannt, dass die Kompetenz des einzelnen Juristen Grenzen hat. Deshalb haben sie schon frühzeitig Kooperationen gegründet. Diese Haltung steckt bei den Steuerberatern noch in den Kinderschuhen. Die Notwendigkeit einer Spezialisierung und Kooperation mit anderen Spezialisten steht aber außer Frage.

Ältere Steuerberater mit diesem Thema zu konfrontieren ist aussichtslos. Aus vielfältiger eigener Erfahrung wissen wir, dass hier neben fehlender Flexibilität und der Bereitschaft, Neues zu lernen, auch Altersstarrsinn ein erhebliches Problem ist.

Gerade hier liegt die Chance der jungen Generation von Steuerberatern: neue Maßstäbe setzen und den Markt revolutionieren.

„Jenseits vom Mittelmaß" ist ein in jeder Hinsicht großartiges Buch von Hermann Scherer. Darin gibt er Rezepte für den Erfolg im Verdrängungswettbewerb. Einige seiner

Ideen fanden wir so gut und wichtig, dass wir sie Ihnen nicht vorenthalten möchten. Deshalb finden Sie eine Reihe von Anregungen aus Hermann Scherers Buch, hier angepasst auf die Zunft der Steuerberater.

Auch der zukunftsorientierte Steuerberater muss sich aus dem Mittelmaß herausheben, will er die auf die Branche zukommenden Veränderungen bestehen.

Anregung: Überlegen Sie kurz, welche Bereiche in Ihrem beruflichen Umfeld reformierungswürdig sind. Notieren Sie unten die drei ersten Gedanken, die Ihnen in den Sinn kommen.

1. ______________________________

____

2. ______________________________

____

3. ______________________________

____

ZIEHEN SIE BILANZ!

Jeder Student der BWL und VWL, jeder angehende Steuerfachangestellte und jeder Finanzanwärter lernt Bilanzen bereits in den ersten Tagen der Ausbildung kennen.

Das Aufwands- und Ertragsprinzip, die periodengerechte Zuordnung von Kosten und Erlösen, Aktivierungs- und Passivierungsgebote und –verbote, Bilanzierung nach HGB, IAS, das Abweichen der Steuerbilanz von der Handelsbilanz. All diese Punkte haben Sie in Ihrer Ausbildung sowie in der Berufspraxis kennengelernt und beherrschen sie mehr oder weniger. Bilanzen bilden die betrieblichen Vermögenswerte und Verbindlichkeiten ab. Die sich daraus ergebende Differenz ist das Eigenkapital des Unternehmens.

Bilanzen sind auf einen bestimmten Stichtag bezogen und stellen die Ergebnisse der Vergangenheit dar. Sie fokussieren auf materielle Vermögensgegenstände.

Erweitern wir diese kaufmännische Betrachtungsweise um den Aspekt, der letztlich für die gesamte Wertschöpfung eines Unternehmens verantwortlich ist: den Menschen. Ohne den Menschen, seine Ideen und seine Aktivität würde selbst die modernste Maschine keinen Umsatz produzieren. Das wahre Produktivkapital sind weder Maschinen noch Boden noch Lizenzen. Es ist der Einfallsreichtum, die Kreativität und die Schaffenskraft der Menschen in einem Unternehmen. Hierin liegen stille Reserven von gigantischem Ausmaß. Es ist die Aufgabe des Unternehmers, diese Reserven zu aktivieren und freizusetzen.

PERSÖNLICHE BILANZ

AKTIVA	PASSIVA
- Stärken	- Belastungen
- Talente	- Sorgen
- Werte	- schlechte Gewohnheiten
- **Tatkraft**	
	Saldo/EK:
	PERSÖNLICHE WIRKUNG

Diese Aktiv- und Passivwerte wirken sich direkt auf die Persönliche GuV aus. Entscheidender Faktor dabei ist die Tatkraft.

Die persönliche Bilanz hat Unterbilanzen. Je nach Saldo der einzelnen Bilanzen wirken sie als Aktiv- oder als Passivposten in der persönlichen Bilanz.

Der Saldo, sprich das Eigenkapital, stellt die persönliche Wirkung dar. Diese kann positiv oder negativ sein.

Stimmungsbilanz

Die Stimmungsbilanz bildet ab, welche positiven wie negativen Gefühle der Mensch täglich erlebt. Es versteht sich von selbst, dass positive Gefühle hilfreicher sind als negative. Bedeutend ist neben der Dauer auch die Intensität der Emotionen.

Die Bewertungsfaktoren sind hier:

- Anzahl
- Intensität
- Dauer

Energiebilanz

Die Energiebilanz steht in engem Zusammenhang mit der Stimmungsbilanz. Die Stimmungslage hat starken Einfluss auf die persönliche Energie. Weitere Aspekte für die Energiebilanz sind:

- Der persönliche Fokus (worauf richte ich meine Aufmerksamkeit)
- Bewegung
- Ernährung
- Rauchen, Alkohol

Beziehungsbilanz

BEZIEHUNGSBILANZ

AKTIVA	PASSIVA
- Verständnis für andere - Einhalten von Verpflichtungen - Klären von Erwartungen - Persönliche Integrität - Entschuldigungen - Einverständnis - Nutzen	- Nichteinhalten von Verpflichtungen - Übervorteilung - schlechte Gewohnheiten Saldo/EK: VERTRAUEN

Das Eigenkapital der Beziehungsbilanz ist: **Vertrauen.**

Zukunftsbilanz

Die Zukunftsbilanz leitet sich aus der Entwicklung der persönlichen Bilanz ab.

Werte tragen Früchte. Bei konsequenter Orientierung auf die Aktivwerte werden diese stärker und stärker.

Je zahlreicher und größer die Aktivwerte sind und je konsequenter sie genutzt werden, desto höher ist das Eigenkapital, die Zukunftsfähigkeit.

Vielleicht haben Sie zu dieser neuen „Bilanzpolitik" schon Ideen gewonnen, worauf Sie stärker achten möchten. Bitte notieren Sie sich die ersten drei Gedanken, die Ihnen dazu einfallen:

1. ____________________

   ____

2. ____________________

   ____

3. ____________________

   ____

ES SOLL RUND LAUFEN

Eine Redensart, die dennoch viel Bedeutung in sich trägt: Es soll rund laufen in allen Bereichen.

Das Leben der meisten Menschen hat sechs wichtige Bereiche:

- Körper
- Emotionen
- Seele
- Familie/Beziehungen
- Finanzen
- Karriere

Dieses Lebensrad sollte einmal jeder für sich aufstellen und nach seiner Wahrnehmung angeben, auf welcher Prozent-Skala er sich jeweils befindet. 100 % bedeutet absoluter Idealzustand, 0 % das Gegenteil. Aus der persönlichen Einschätzung, die natürlich auch tagesformabhängig ist, ergibt sich ein ganz spezielles Profil.

Dieses Lebensradprofil stammt von einem 35-jährigen angestellten Steuerberater. Die Werte bezüglich Finanzen, Karriere und Physis sind durchaus passabel.

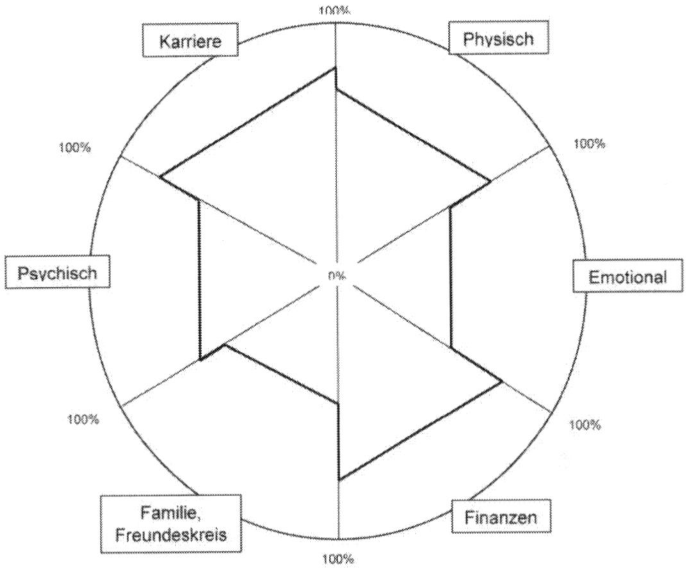

Nun handelt es sich um ein Lebensrad, das im Idealfall wirklich rund laufen sollte. Stellt man sich dieses Rad als Teil eines Autos vor, so geht es bei Schrittgeschwindigkeit etwas holprig zu. Je schneller das Auto fährt, umso ungemütlicher wird es durch die Unwucht. Mehr als 50 km/h sind mit diesem Rad sicher nicht drin.

Um auf der Rennstrecke des Lebens richtig Gas geben zu können, muss unser „Rennfahrer“ zunächst die Unwucht beseitigen. Das bedeutet, den unterentwickelten Bereichen mehr Aufmerksamkeit widmen und diese ausbauen. Dies betrifft das generelle Lebensrad.

Konflikte sind chronische Energiekrisen. Ärger raubt Ihnen enorme Mengen an Energie. Doch nicht nur unangenehme Situationen fressen Kraft. Manche Menschen sind wahre Energievampire.

Sicher haben Sie das auch schon erlebt: bereits nach einem kurzen Gespräch mit einem anstrengendem Menschen fühlen Sie sich regelrecht ausgelaugt. Mit einem guten Freund hingegen können Sie stundenlang telefonieren und fühlen sich hinterher belebt. Woran liegt das? Jede Kommunikation ist Austausch von Energie. Jeder Teilnehmer kann dem anderen Energie geben oder Energie abziehen. Entscheidend dabei ist, ob es der Gesprächspartner mit dem jeweils anderen gut meint oder eher nicht. Die Absicht entscheidet. Schöne Worte können den Verstand über eine unlautere Absicht hinwegtäuschen. Deshalb: spüren Sie während eines Gesprächs in sich hinein. Fragen Sie sich: „Raubt mir der andere Energie?“. Wenn Sie nicht auf Ihre persönliche Energie achten und sich diese unbemerkt absaugen lassen, gleichen Sie einem Auto an der Ampel, dem während der Rotphase der Tank leergepumpt wird. Schon nach kurzer Zeit bleiben Sie liegen und wissen nicht, warum.

Auf der nächsten Seite haben Sie die Gelegenheit, Ihr persönliches Lebensrad-Profil zu skizzieren. Je ehrlicher Sie dabei vorgehen, desto größer sind Ihre Chancen, Ihren Energieräubern auf die Spur zu kommen. Geringe Prozentzahlen in den einzelnen Bereichen weisen auf einen gefühlten Mangel hin. Darauf sollten Sie besonderes Augenmerk richten.

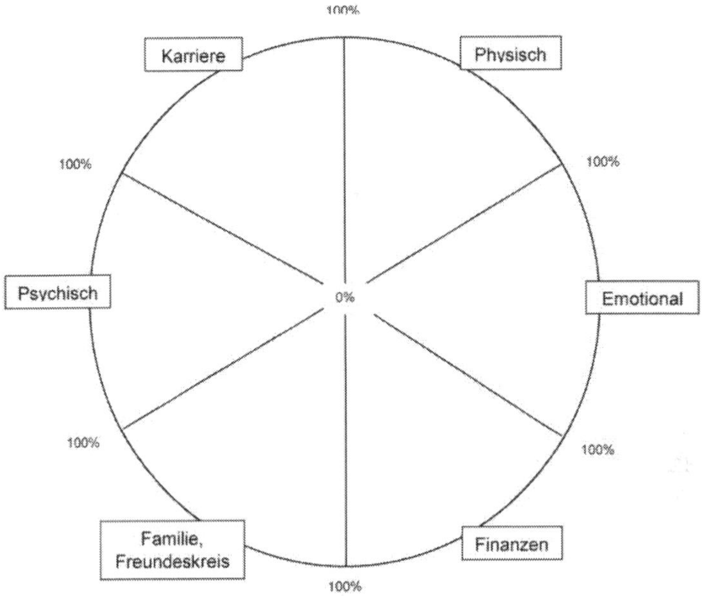

Bitte nutzen Sie die Gelegenheit, Ihre aktuelle Lebenssituation einzuschätzen und auf dem Rad abzubilden.

Natürlich ist das Ergebnis von Ihrer Tagesform abhängig. Deshalb machen Sie diesen Test mehrfach im Abstand von einigen Wochen. So können Sie feststellen, ob sich eine Entwicklung zeigt, dass sich Ihre Werte verbessern. Wenn Sie den hier gegebenen Empfehlungen folgen, werden Sie in allen Bereichen ansteigende Werte verzeichnen.

Betrachten wir nun das spezielle Berufsrad der Steuerberater mit den Bereichen: Steuerwissen, Persönlichkeit/Führung sowie Strategien/Skills. Diese drei Segmente sind nochmals in jeweils drei Bereiche unterteilt.

Segment Steuerwissen:

- Bilanzierung und Betriebswirtschaft
- Steuerrecht der einzelnen Steuerarten
- Verfahrensrecht (insbesondere AO und FGO)

Segment Persönlichkeit und Führung:

- Leadership/Führungsfähigkeit
- Mitarbeiterorientierung
- Ausrichtung an Naturkonformer Steuerberatung (NKS)

Segment Strategien und Skills:

- Wissen über die internen Abläufe beim Finanzamt
- Verhandlungswissen und Verhandlungserfahrung
- Persönliche Souveränität und sicheres Auftreten

Als BWL-Student und Diplom-Kaufmann hat unser junger Steuerberater naturgemäß seine Stärken in Bilanz und BWL. Als nächstes folgen Steuerrecht und danach das für Nicht-Juristen ungeliebte Verfahrensrecht. In den Bereichen Strategien und Skills sowie Persönlichkeit und Führung kann er von der Ausbildung nur mit wenig aufwarten. Und viel Praxiserfahrung konnte er sich ebenfalls noch nicht erwerben. So bleiben diese Bereiche ausgesprochen schwach.

Das Kompetenzrad des jungen Steuerberaters:

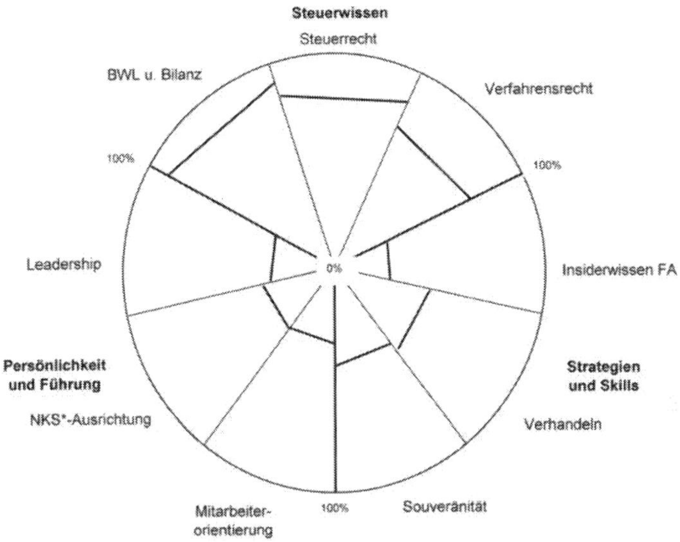

*NKS = Naturkonforme Steuerberatung

Welchen Eindruck macht dieses Kompetenzrad auf Sie? Was würden Sie dem jungen Kollegen raten? Bitte notieren Sie stichpunktartig Ihre ersten drei Einfälle:

1. ______________________________

____

2. ______________________________

____

3. ______________________________

____

Doch wie sieht es bei Ihnen aus? Vielleicht mögen Sie eine Selbsteinschätzung vornehmen, um Nachholpotenzial zu entdecken. Hier ist die Gelegenheit:

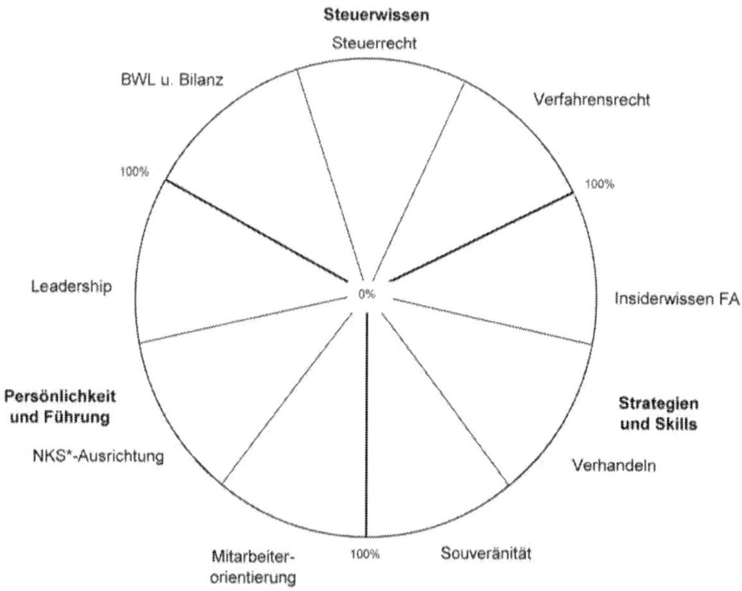

*NKS = Naturkonforme Steuerberatung

Und welche Gedanken kommen Ihnen bei der Betrachtung Ihres eigenen Kompetenzrades? Was würden Sie demjenigen raten, der ein solches Profil aufweist?

1. ______________________________

____

2. ______________________________

____

3. ______________________________

____

WARUM IST MENSCHENORIENTIERUNG WICHTIG

Es lässt sich überall im Wirtschaftsleben beobachten: Materiellen Dingen, insbesondere Geld wird der Vorzug gegenüber den Menschen eingeräumt. Der Kurs von DAX-Unternehmen steigt regelmäßig, wenn Personalabbau oder Gehaltsverzicht angekündigt wird. Mitarbeiter werden in dieser rein zahlenwirtschaftlichen Betrachtungsweise als reiner Kostenfaktor angesehen – auf der Aufwandsseite der G+V-Rechnung. Doch dies ist kurzsichtig und einseitig. Die Wertschöpfung eines Unternehmens geschieht durch seine Mitarbeiter. Motivierte und unternehmerisch denkende Mitarbeiter setzen neue Impulse und setzen Wachstumspotenziale bei sich und anderen frei, die das Unternehmen nach vorne katapultieren.

Der Steuerberater der Vergangenheit war rein zahlen- und vorschriftsorientiert. Und: er hat die Vergangenheit betrachtet. Vorausschauende Planung und entsprechende Beratung fand nicht statt.

Der Steuerberater von morgen orientiert sich ausschließlich auf Menschen. Und zwar auf zwei Gruppen:

1. seine Mitarbeiter und
2. seine Mandanten.

Und zwar genau in dieser Reihenfolge!

Konkret bedeutet das für Steuerberater:

Entgegen ihrer Berufsbezeichnung erzielen die Steuerberater den größten Anteil ihrer Erlöse nicht durch anspruchsvolle Steuerberatung. Die Umsatzträger sind seit vielen Jahren: Finanzbuchhaltung, Steuererklärungen und

Jahresabschlüsse. Zwar kämpfen die Steuerberaterkammern seit Jahrzehnten für die Privilegien ihrer Mitglieder, insbesondere im Bereich Buchhaltung und Umsatzsteuer-Voranmeldung. Doch die Gruppe der selbständigen Buchhalter und Bilanzbuchhalter organisiert sich zunehmend professionell. Sie sind überwiegend sehr gut ausgebildet und zuverlässig. Die Bastion Buchhaltung wird für die Steuerberater nicht mehr lange zu halten sein. Und irgendwann fallen auch die Vorbehaltsaufgaben Jahresabschluss und Steuererklärungen.

Das können Sie sich nicht vorstellen? Wir konnten uns in 1988 auch nicht vorstellen, dass die beiden in ihren jeweiligen Systemen sehr gefestigten Staaten DDR und Bundesrepublik einmal zusammenwachsen werden. Und nun ist das schon Geschichte.

Und viele Handwerksmeister hatten vor 25 Jahren sicher nicht erwartet, dass ab 2004 für mehr als die Hälfte der handwerklichen Berufe die Meisterpflicht entfällt.

Die Steuerberater werden sich künftig immer weniger auf ihrem Titel ausruhen können. Sie werden sich vielmehr dem Markt stellen und Kooperationen eingehen müssen, um langfristig wirtschaftlich erfolgreich zu sein. Hierbei wirkt das Standesrecht noch als massiver Bremsklotz. So ist es Steuerberatern bislang verboten, Kooperationen mit anderen Gruppen als mit Steuerberatern, Rechtsanwälten und Wirtschaftsprüfern einzugehen. Diese hemmende Vorschrift wird bald der Vergangenheit angehören müssen. Durch sie werden für den Steuerberater und die Mandanten wichtige und hilfreiche Kooperationen z. B. zwischen Steuerberatern und Finanzdienstleistern sowie Unternehmensberatern unterbunden. Dass sie dennoch möglich sind, wenn auch mit einem erheblichen organisatorischen und gesellschaftsrechtlichen Aufwand zeigt das Erfolgsmodell des Fachberaterzentrums Rhein-Main (siehe fbz-rhein-main.de). Dort arbeiten Steuerberater, Rechtanwälte und Wirtschaftsprüfer mit gewerblichen Beratern über eine spezielle Konstruktion zusammen.

Tenor: Steuerberater müssen künftig stärker Schranken überwinden und interdisziplinär kooperieren.

Der Steuerberater der Zukunft wird sich also nicht mehr in einem geschützten Umfeld bewegen, sondern sich vielfältiger Konkurrenz bei Buchhaltung, Steuererklärung und Jahresabschluss gegenüber sehen. Gegen diese Mitbewerber kann er ankämpfen oder mit ihr zusammenarbeiten. Den Kampf mit gut ausgebildeten und bestens organisierten Bilanzbuchhalter braucht der Steuerberater gar nicht aufzunehmen. Hier ist er schon aus Gründen von Betriebswirtschaft und Organisation unterlegen. Aber was spricht gegen eine sinnvolle Kooperation, in der sich jede Seite auf ihre spezielle Stärke und Kernkompetenz besinnt? Die laufende Buchhaltung und Büroorganisation wird durch die Bilanzbuchhalter, die steuerliche Beratung und der Jahresabschluss durch den Steuerberater erledigt. Und wenn der Steuerberater die Bilanzbuchhalter in ihrer Arbeit unterstützt statt sie fortgesetzt zu boykottieren, ergeben sich neue erfolgsträchtige Kombinationen. Zum Vorteil von Steuerberater, Bilanzbuchhalter, vor allem aber für den Mandanten.

Wir haben in unserer aktiven Zeit als Steuerberater sehr viele Kollegen kennengelernt. Für die allermeisten kam Kooperation weder mit Kollegen noch mit anderen Berufsgruppen in Betracht. Für viele war der Gedanke an Kooperation gleichbedeutend mit der Angst vor Mandatsverlust.

Und die Kanzleien dieser Kollegen kamen nicht über eine bestimmte Größe hinaus.

Als Steuerspezialist wissen Sie, wie das Steuerrecht funktioniert. Damit sind Sie einer von rund 80.000 Steuerberatern in Deutschland.

Aber als Menschenspezialist wissen Sie, wie die unterschiedlichen Menschen funktionieren und sie richtig behandelt werden. Dieses Kenntnisse und Fertigkeiten sind unendlich wertvoll.

John D. Rockefeller, einer der reichsten und einflussreichsten Menschen seiner Zeit, wusste um den Wert von Menschenspezialisten „Was mich anbetrifft, so zahle ich für die Fähigkeit, Menschen richtig zu behandeln, mehr als für irgendeine andere auf der ganzen Welt.“

Raum für Ihre Notizen:

MENSCHENSPEZIALISTEN WERDEN GESUCHT

„Armutszeugnis: CEOs können bilanzieren, aber keine Menschen führen“ so schreibt Jochen Mai in der Karrierebibel.de. Und er führt aus: „Sobald es um das Führen von Menschen geht, machen CEOs einen lausigen Job. Danach gefragt, was die Aufsichtsräte für die größten Schwächen ihrer CEOs hielten, antworteten diese unisono: Mentoring und Personalentwicklung. Oder anders gesagt: Den Top-Managern mangelt es vor allem daran, Talente in ihren Unternehmen zu fördern und damit nachhaltig eine nächste Generation an fähigen Führungskräften zu entwickeln. Doch stattdessen: nur kurzfristiges Denken samt entsprechender Wachstumsstrategien. Das sage nicht ich, vielmehr ist es das Ergebnis einer Studie des Center for Leadership Development and Research an der Stanford Universität.“

Mai führt weiter aus:

„Top-Manager ohne Top-Stärken

Für die Forscher zeigte sich während der Studien ein desaströses Manager-Bild. Die Fokussierung auf Zahlen, Aktienkurse und operative Aufgaben – das würden zwar viele im Top-Management beherrschen. Aber auf der menschlichen Seite herrsche großer Mangel. Ein einziger Mutanten-Stadl.

Gefragt nach den Stärken der CEOs bildet etwa Konfliktmanagement das Schlusslicht. Nicht mal ein Fünftel der befragten Aufsichtsräte bescheinigte ihren Konzernlenkern diesbezüglich vorhandene Fähigkeiten. Zum Vergleich:

- 70 % sagen, zu den Top-Stärken der Top-Manager gehöre Entscheidungsfreude.
- 41 % nennen als Stärke Buchführung, Bilanzierung, Aktienkursoptimierung.
- Aber nur 27 % bescheinigen ihnen Empathie oder Mitgefühl.
- Lediglich 24 % erkennen Mentoring-Stärken.
- 23 % finden, die CEOs könnten auch zuhören.
- Und nur 22 % erkennen die Fähigkeit, delegieren und Macht abgeben zu können.

Auch in der öffentlichen Verwaltung ist ein Paradigmenwechsel hin zur Menschenorientierung erforderlich. Am deutlichsten wird das an der Bezeichnung der einzelnen Arbeitsplätze. Im Finanzamt gibt es „Sachbearbeiter", in der Arbeitsverwaltung „Fallmanager". Allein an der Namensgebung wird die Vorgehensweise deutlich, den Sachverhalt in den Vordergrund zu stellen und nicht den Menschen. Der Mensch ist Diener der Sache und des Systems.

Die sieben Irrtümer der Steuerberater

1. Im Steuerrecht zählen nur Fakten

Das Steuerrecht in Deutschland ist überfrachtet mit Gesetzen, Rechtsverordnungen, Verwaltungsanweisungen, Urteilen verschiedenster Gerichtsebenen und ständiger Änderungen. Das Steuer- und Bilanzrecht ist auf der Sachebene undurchsichtig. Wirkliche Rechtssicherheit gibt es kaum. Die Gefahr, Fehler zu machen, ist für Steuerberater ein Begleiter auf Schritt und Tritt.

Im Finanzamt ist die Situation ähnlich. Gesetze und Anweisungen werden in einem Tempo erlassen und geändert, dass die Verwaltung bei der Umsetzung nicht mehr mitkommt. Ein Beispiel ist die elektronische Lohnsteuerkarte, die schon für 2011 eingeführt werden sollte, dann aber wegen verwaltungsinterner Schwierigkeiten immer wieder verschoben wurde.

Bei Änderungen in der Körperschaftsteuer dauerte es in der Vergangenheit oft bis zur Mitte des Jahres, bis die Programme der Steuerverwaltung die Steuererklärungen des Vorjahres bearbeiten konnten.

Das Steuerrecht ist stark materiell und formell geprägt. Das wirkt auch auf die Beteiligten. So versuchen sowohl Finanzbeamte als auch Steuerberater, sachliche Probleme auf der Sachebene zu lösen.

Bei aller Regulierung und Technisierung werden die Entscheidungen dennoch von Menschen getroffen. Und wer sich einmal mit dem Gebiet Entscheidungstheorie befasst hat weiß, dass 99 % unserer Entscheidungen emotional und nicht rational getroffen werden.

Allein weil die Gefühle viel schneller und zudem kraftvoller sind als logische Überlegungen. Gerade bei Entscheidungen gilt: Herz schlägt Hirn. Doch viele wollen das nicht wahrhaben und klammern sich an die Überlegenheit der Ratio.

Dass diese Auffassung nicht zutreffend ist, lässt sich am Thema Fahrzeugkauf festmachen.

Welches Auto fahren Sie? Einen Mercedes, einen Audi oder einen Renault? Aus welchen Gründen haben Sie sich für ausgerechnet dieses Auto entschieden? War es die Langlebigkeit, die Sicherheit aufgrund der Crash-Tests, der geringe Verbrauch, die ansprechende Karosserie? Gaben Überlegungen wie Platzangebot, Bequemlichkeit und Transportvolumen den Ausschlag? Oder haben Sie bisher gute Erfahrungen mit der Marke gemacht, so dass Sie dieser treu bleiben möchten? Oder liegt Ihnen die Umwelt sehr am Herzen, so dass Sie sich für ein Hybrid-Fahrzeug entschieden haben?

Mit großer Wahrscheinlichkeit werden Sie der Meinung sein, dass Ihre Kaufentscheidung für gerade dieses Modell auf sachlichen Gründen beruht. Ihr Verstand hat analysiert und sich aus vernünftigen Erwägungen für dieses Auto entschieden? Wenn Sie das glauben, sind Sie einer geschickten Täuschung Ihres Geistes aufgesessen. Es ist wissenschaftlich nachgewiesen, dass nahezu aller unserer Entscheidungen emotional getroffen werden. Das Gefühl ist um ein Vielfaches schneller als der Gedanke. Und Emotionen sind zudem viel stärker als rationale Überlegungen. Tatsächlich ist es so, dass die Entscheidung schon getroffen ist und der Verstand sich nun daran macht, „logische“ Gründe dafür zu finden. Dabei geht er selektiv vor und nimmt nur Argumente wahr, die für die bereits feststehende Entscheidung sprechen. Alles was dem gewünschten Ergebnis zuwiderläuft, wird ausgeblendet und dringt nicht ins Bewusstsein.

Probleme mit dem Finanzamt werden also zu 95% auf der Sachebene zu lösen versucht.

„Es kommt nur auf den Inhalt an!" – Wirklich?

Wissenschaftler haben schon vor Jahrzehnten herausgefunden, dass die Wirkung einer Person in einer Unterhaltung sich aus folgenden Komponenten zusammensetzt:

1. Inhalt, also Worte
2. Stimme, also Lautstärke, Klangfarbe, Tonalität
3. Die persönliche Erscheinung: Gestalt, Kleidung, Körperhaltung, Körpersprache

Der Inhalt einer Kommunikation macht nur 7 % der Wirkung aus. Stimme und ihre Komponenten 38 % und die persönliche Erscheinung einer Person gar 55 %.

Das bedeutet für Sie: beschränken Sie sich in der Kommunikation auf Mail, Brief oder Fax, dann bewegen Sie sich rein auf der Sachebene, verschenken aber 93% Ihrer möglichen Wirkung. Das kann der entscheidende Unterschied zwischen Erfolg und Misserfolg sein. Also: je wichtiger das Thema ist, desto präsenter sollten Sie sein. Bei wirklich bedeutsamen Fragen mit dem Finanzamt müssen Sie persönlich erscheinen!

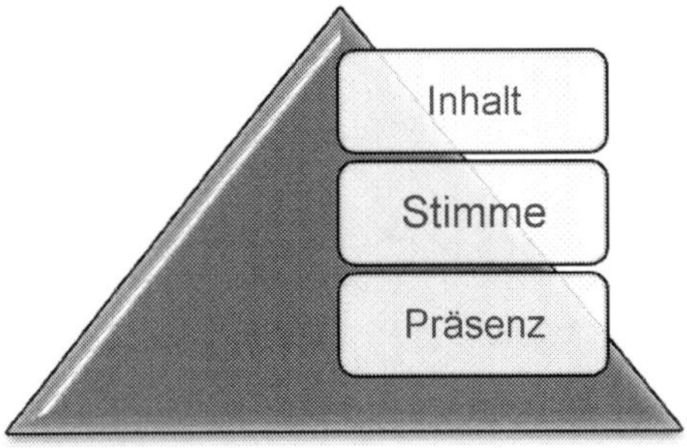

2. Finanzbeamte sind Gegner

Der Finanzbeamte steht auf der Gegenseite. Er nimmt die Steuererklärungen mitunter kritisch unter die Lupe und bei der Betriebsprüfung „zerlegt" er die Buchführung manchmal regelrecht. Und ganz unangenehm wird es bei der Steuerfahndung und einem Steuerstrafverfahren. Da zeigt sich das Finanzamt von seiner harten und unnachgiebigen Seite. Der Beamtenstatus generell ist für einen Selbständigen schwer verständlich. Die Medien tragen ihren Teil dazu bei, die Kluft zu den Beamten zu vertiefen. Glaubt man den landläufigen Meinungen, sind sie mürrisch und unfreundlich, unterfordert und überbezahlt, feiern im Dienst ausgiebig, sind schwer zu erreichen und bürgerfern, werden früh pensioniert und erhalten eine üppige Altersversorgung, zu der sie nicht einen einzigen Euro beitragen. In ihrem schwer verständlichen Amtsdeutsch erlassen sie kaum nachvollziehbare Verwaltungsakte und sind stets auf der Suche nach Fehlern der Steuerzahler. Es ist ihnen ein besonderes Vergnügen, jede noch so kleine Möglichkeit des Steuersparens zu verschließen, als käme jeder Euro Steuererstattung aus ihrer eigenen Tasche. Sowieso ist jeder Steuerpflichtige ein potenzieller

Steuerhinterzieher, dem man nicht über den Weg trauen kann.

Natürlich gibt es beim Finanzamt umgängliche Beamte aber auch unfreundliche. Diese, die mit Augenmaß bei der Sache sind und jene, die ihren Missmut über ihre berufliche oder persönliche Situation am Steuerzahler auslassen. Diese, die sich ihrer Verantwortung gegenüber dem Bürger bewusst sind und jene, die ihre Position nutzen, um Macht auszuüben und dies ihr Gegenüber spüren zu lassen. Das ist ein Zeichen von fehlendem Selbstvertrauen und von persönlicher Unreife. So abwegig das auch klingen mag: diese Menschen sind auf der Suche nach Beachtung und Wertschätzung. Aus psychologischer Sicht ist es ohne Bedeutung, ob diese Beachtung positiv oder negativ geprägt ist. Diese Menschen bekommen Aufmerksamkeit, allein das zählt für sie. Nun sind die meisten so veranlagt, dass sie positive Beachtung und Anerkennung, vielleicht sogar Bewunderung, suchen. Doch das ist ein riskantes Spiel, denn es gibt der Umwelt viel Macht. Was, wenn die Umgebung auf die Bemühungen um Anerkennung und Beachtung nicht wie erwartet reagiert? Dann fühlt sich dieser Mensch schlecht und nicht geliebt. Durch die Abhängigkeit von den Reaktionen seiner Mitmenschen macht er sich abhängig und verletzlich.

Doch letztlich muss auch der noch so mürrische Finanzbeamte seine Vorgaben erfüllen und seine Fälle in einer bestimmten Zeit abarbeiten. Er kann es sich zeitlich gar nicht leisten, einen andauernden Kleinkrieg gegen die Steuerpflichtigen und die Beraterschaft zu führen.

Und mit der richtigen Vorgehensweise machen Sie auch den schwierigsten Finanzbeamten zu einem verlässlichen Geschäftspartner. Denn letztlich haben Sie wie er das gleiche Ziel: den Fall so schnell wie möglich vom Tisch zu bekommen.

Als Menschenspezialist haben Sie das Rüstzeug und die geeigneten Strategien dafür.

3. Steuerberatung basiert auf Vertrauen

Steuerberater arbeiten auf Vertrauensbasis. Oder: Steuerberater sind vertrauenswürdig. Doch Vertrauen wird Ihnen durch Kammern und Vermögensschadenversicherer abgewöhnt. Sie verlangen Vertrauen, doch sie geben keines. Nehmen wir ein aktuelles Beispiel: Die NSA spioniert ganze Länder aus, kennt intimste Details sämtlicher Bürger. Gleichzeitig verwehren sie Aufklärung über ihr Tun. Wie kann da Vertrauen aufkommen? Vertrauen kann nur der bekommen, der Vertrauen gibt. Vertrauen ist keine Einbahnstraße.

Das Berufsrecht gibt in § 57 StBG vor, dass Steuerberater ihren Beruf unabhängig, eigenverantwortlich, gewissenhaft und verschwiegen ausüben. Ständig werden Steuerberater vor Haftungsrisiken gewarnt. Die Folge ist, dass der Berufsstand immer vorsichtiger und zurückhaltender wird. Jede Aussage der Mandanten wird kritisch hinterfragt, Bescheinigungen vorsichtig formuliert. Angst geht um. Und Angst lähmt.

Auch die Arbeit der Mitarbeiter wird kritisch gesehen. Da der Steuerberater für alles verantwortlich ist, was in seiner Kanzlei geschieht und produziert wird, muss er eigentlich auch alles kontrollieren, nicht wahr?

Ein erfahrener Bilanzbuchhalter, der schon 20 Jahre in der Kanzlei ist und rund 100 Jahresabschlüsse jährlich fertigt, hat zwangsläufig mehr Erfahrung als der Steuerberater. Und dieser „unerfahrene“ Steuerberater soll den Bilanzbuchhalter noch kontrollieren?

Nein! Beginnen Sie eine Vertrauensoffensive. Beweisen Sie Mut und Rückgrat und vertrauen Sie. Es kann keine hundertprozentige Sicherheit geben. Denken Sie an den Spruch: „Wer viel arbeitet, macht viele Fehler. Wer wenig arbeitet, macht wenige Fehler. Wer nicht arbeitet, macht keine Fehler. Wer keine Fehler macht, wird befördert.“ Es gibt kein Leben ohne Risiko. Wer vertretbare Wagnisse scheut, ist zum Stillstand verdammt. Denken Sie an die großen Namen, die die Welt bewegt haben: von Martin Luther über Galileo Galilei, John F. Kennedy und Nelson Mandela. Hätten sie nur auf Sicherheit gespielt, wäre die Welt jetzt nicht so weit. Deshalb: beweisen Sie Mut und Rückgrat. Vertrauen Sie Ihren Mitarbeitern mehr als den Bedenkenträgern in Kammern und Versicherungen.

Dennoch: Beweisen Sie Augenmaß und beachten Sie: einem erfahrenen Mitarbeiter schadet zu viel Kontrolle. Einem unerfahrenen Mitarbeiter schadet zu viel Vertrauen.

4. Fachwissen genügt für nachhaltigen Erfolg

Lassen Sie uns folgendes Gedankenexperiment machen:

Sie möchten mit Ihrem besten Freund gut und schick Essen gehen. Sie wählen ein Restaurant, das für die ausgesuchte Qualität seiner Speisen und die sorgfältige Zubereitung berühmt ist. Inhaber des Restaurants ist ein Sterne-Koch, der selbst täglich bis spätabends in der Küche steht und ein wahrer Künstler der Zubereitung ist. Nicht zu seinen Stärken gehört jedoch die Garnierung der edlen Speisen und die Personalführung. Sie bekommen Ihr qualitativ hochwertiges Essen auf einem normalen Teller, der nicht vorgewärmt ist. Die Bedienung ist weder aufmerksam noch wirklich freundlich. Bestellung, Getränke und das Essen lassen sehr lange auf sich warten. Die Tischwäsche lässt ebenfalls zu wünschen übrig, es gibt Papierservietten. Sie fühlen sich nicht als herzlich willkommener Gast. Und obwohl das Essen wirklich von ausgezeichneter Qualität war, hatten Sie nicht den Genuss, den Sie erwartet hatten. Würden Sie noch einmal in dieses Lokal gehen?

„Moment", sagen Sie „das gibt's doch gar nicht. Ein Sternekoch hat doch sein Lokal im Griff. Da wird Gastronomie auf höchstem Niveau geboten."

Der Koch hat Kochkunst auf höchstem Niveau geboten. Er hat all sein Fachwissen eingesetzt, um aus den hochwertigen Zutaten einen vollendeten MenÜ zu zaubern.

Das Essen war vorzüglich, der Besuch in dem Restaurant aber bei weitem nicht. Die Atmosphäre hat einfach nicht gestimmt.

Szenenwechsel:

Ihre Steuerkanzlei: Ihr Mandant bekommt eine Buchhaltung, eine Bilanz, eine Steuererklärung gefertigt. Inhaltlich entspricht das Werk allen steuer- und handelsrechtlichen Vorschriften.
Doch die Form der Auswertungen ist nicht ansprechend. Die Mitarbeiter haben nicht ihren besten Tag, sind gestresst und haben dem Mandanten nicht einmal einen Kaffee angeboten. Der Kunde überlegt daraufhin, ob es andere Steuerberater gibt, die eine ähnlich gute Leistung mit mehr Service erbringen.

Glauben Sie wirklich, dass es einzig und allein auf Fachwissen ankommt?

5. Mandanten sind wichtiger als Mitarbeiter

Auf den ersten Blick ist das sogar der richtige Ansatz. Denn das Geld bringen nicht die Mitarbeiter in die Kanzlei, sondern die Mandanten. Aus diesem Grund ist es doch zwingend, sich auf den Mandanten zu konzentrieren.
Das stimmt zwar - aber auch nicht. Natürlich gilt die Arbeit in der Kanzlei dem Nutzen und der Zufrie-

denheit des Mandanten. Und im Idealfall ist er nicht nur zufrieden, sondern begeistert.
Wenn der Steuerberater Einzelkämpfer ist und keine Mitarbeiter außer einer teilzeitbeschäftigten Schreibkraft hat, braucht er sich natürlich nicht um das Thema Mitarbeiter zu befassen. Wenn er mit diesem Status des Selbständigen – also selbst und ständig – zufrieden ist.

Der Charme und die Chance einer Steuerkanzlei liegen aber darin, die eigene Leistung durch Mitarbeiter zu addieren oder gar zu multiplizieren. Außerdem macht die Arbeit im Team mehr Spaß und Freude.

6. Sie können mit dem Finanzamt verhandeln

Beim Thema Verhandeln gehen die Auffassungen kilometerweit auseinander. Manche Steuerberater sind der Auffassung, man könne mit dem Finanzamt nicht verhandeln und akzeptieren alles was aus der Behörde kommt. Andere sind grundsätzlich „auf Krawall gebürstet“ und führen einen Kleinkrieg mit der Behörde. Wieder andere glauben, sie würden verhandeln, da sie in Betriebsprüfungen das eine oder andere Entgegenkommen des Prüfers erreichen. Doch kaum ein Steuerberater, der wirklich mit dem Finanzamt verhandelt.

Und diejenigen, die es doch versuchen, begehen einen der folgenden Kardinalfehler:

- Sie sind mitten im Geschehen
- Sie machen sich die Probleme anderer zu eigen
- Sie lassen Gesichtsverlust zu.

Im Einzelnen:

Steuerberater sind in den Konflikt des Mandanten mit dem Finanzamt emotional involviert. Sie sind mitten auf dem Spielfeld.

Sie machen sich die Probleme anderer (des Mandanten und des FA) zu Eigen.

Wenn durch Steuergestaltung eine zeitweise Steuerersparnis erzielt wurde, diese aber von der Betriebsprüfung nicht anerkannt wird, führt das oft zu Liquiditätsproblemen beim Mandanten.

Sie beachten beim Verhandeln nicht die Regeln von Gesichtswahrung und Gesichtsverlust. Dadurch wird selbst eine professionell begonnene Verhandlung auf die persönliche Ebene gebracht und das ausgewogene Interesse beider Parteien tritt in den Hintergrund. Jetzt geht es nur noch um Sieg oder Niederlage.

Die Genauigkeitsfalle

Genauigkeit ist wichtig, gerade in Buchhaltung und Steuerrecht. In einigen Kanzleien wird die Genauigkeit zur Pedanterie und zum Prinzip erhoben.

Wem Details wichtig sind, sucht nach allem, was der Genauigkeit zuwiderläuft. Ein solcher Mensch ist auf der Suche nach Fehlern, nach Fehlern im Ablauf und nach Fehlern bei Menschen. Ihre ganze Aufmerksamkeit richtet sich auf das, was nicht rund läuft, um es abstellen zu können. Doch manchmal entwickelt sich die Fehlersuche zum Selbstzweck.

Das Problem in der Detailorientierung liegt darin, dass der Fokus entsprechend gelenkt wird. Vielleicht kennen Sie das auch:
Sie überlegen, ein neues Auto zu kaufen, beispielsweise den neuen Mini Cooper. Sie werden Sie überrascht sein, plötzlich überall dieses Auto zu entdecken. Hat über Nacht eine Invasion dieser Modelle eingesetzt? Nein, es sind nicht mehr als gestern. Aber Ihre Wahrnehmung für gerade dieses Auto hat sich geschärft. Weil Sie Ihre Aufmerksamkeit darauf richten, fällt es Ihnen verstärkt auf.

Fokus bzw. Aufmerksamkeit und Wahrnehmung sind ganz zentrale Themen, die die Welt eines Menschen bestimmen.

Ein Staatsanwalt beispielsweise, der jahrelang täglich mit Kriminalität zu tun hat, läuft Gefahr, seinen Mitmenschen kriminelle Absichten zu unterstellen.

Während meiner Ausbildungszeit im Finanzamt habe ich auch Pedanterie festgestellt. Manche Kollegen hielten sich an einen ganz genau festgelegten Tagesablauf, der minutengenaue Zeiten für Arbeitsbeginn, Pausen und Arbeitsschluss umfasste. Jede Abweichung von diesem Ritual sorgte für Unsicherheit und wurde regelrecht bekämpft.

Ein Lösungsweg:

Denken Sie groß! Behalten Sie die generelle Richtung im Auge. Orientieren Sie sich an Ihrer Vision für die Kanzleientwicklung. Aus dieser Perspektive erscheint manche Detailorientierung kleinkariert. Doch seien Sie gnädig mit sich, Veränderungen brauchen Zeit.

7. Erfolg bestimmt sich in erster Linie nach Zahlen

Die Zahlen müssen stimmen. Eine Kanzlei muss Gewinne abwerfen, damit der Inhaber gut davon leben und in den Ausbau des Unternehmens investieren kann.

Doch die reine Orientierung auf das betriebswirtschaftliche Ergebnis ist nicht die Lösung. Oder ist für Sie der herrische und launische Chef, der von allen gefürchtet wird, in dessen Kanzlei schlechtes Klima herrscht und der nur mit Druck arbeitet, ein

Vorbild? Auch wenn er einen Jahresüberschuss von 200.000 € erzielt?

Erfolg ist das was folgt, wenn man das Richtige tut. Sie und Ihre Mitarbeiter sind das Hauptkapital der Kanzlei. Bei richtiger Führung und dem richtigen Umfeld wird dieses Potenzial freigesetzt und das Team zu Höchstleistungen motiviert.

Und glänzende wirtschaftliche Ergebnisse folgen zwangsläufig.

Raum für Ihre Notizen:

Die sieben Herausforderungen

- **Der Nachwuchs an Mitarbeitern wird knapp**

Der Fachkräftemangel treibt vielen Beratern Sorgenfalten auf die Stirn. Inzwischen werden schon Kanzleien wegen der Mitarbeiter und weniger wegen der Mandate gekauft.
Das begrenzte Angebot an Nachwuchs wird auch den Auszubildenden mehr und mehr bewusst und macht sie selbstbewusster. Und so haben sie konkrete Wünsche an ihre Arbeitgeber: Unterstützung und Förderung der Auszubildenden halten sie für besonders wichtig. Die angehenden Steuerfachangestellten sollten von ihrer Ausbildungskanzlei nicht vorwiegend als günstige Arbeitskräfte angesehen werden, wie es in vielen Kanzleien vorkommt.
Die neue Generation der Auszubildenden hat zudem eine klare Vorstellung über Verbesserungen in der berufspraktischen Ausbildung. Sie sind der Ansicht, dass es wichtig wäre, den Auszubildenden einen Ausbilder zur Seite zu stellen, der sie betreut und jederzeit Fragen beantworten kann. Die Auszubildenden würden nicht „nebenher laufen". Der Ausbilder ist im Idealfall ein erfahrener Steuerfachangestellter mit Ausbilderschein. Auch kanzleiinterne Fortbildungen, speziell auch für unerfahrene Steuerfachangestellte, werden gewünscht.

Wie wichtig die richtigen Mitarbeiter für den Fortbestand des Unternehmens sind, zeigt folgende Untersuchung über das Wechselverhalten von Kunden. Zwar betrifft die Erhebung den Handel, doch zeigt sie auch für den Steuerberater eine interessante Erkenntnis:

Gründe für Kundenverlust:

70 %	unfreundliche bzw. nicht unternehmensorientierte Mitarbeiter
18 %	neue Gewohnheiten
10 %	Umzug
2 %	Tod

(Quelle: Deutsches Marketingbarometer)

Manchmal scheint es, dass Mitarbeiter und Führungskräfte völlig unterschiedliche Vorstellungen haben. Dies zeigt sich bei der Frage nach den Bedürfnissen von Mitarbeitern vom Praxishandbuch Personal.

So bewerten die Mitarbeiter die Reihenfolge der Wichtigkeit der einzelnen Arbeitsplatzaspekte:

1. Anerkennung für Leistungen
2. Information über betriebliche Vorgänge
3. Eingehen auf private Themen
4. Sicherer Arbeitsplatz
5. Gutes Einkommen
6. Interessante Arbeit
7. Wohlergehen der Firma
8. Loyalität
9. Gute Arbeitsbedingungen
10. Höflichkeit der Chefs

Und hier die Sichtweise der Führungskräfte:

1. Gutes Einkommen
2. Gesicherter Arbeitsplatz
3. Wohlergehen der Firma
4. Gute Arbeitsbedingungen
5. Interessante Arbeit
6. Loyalität
7. Höflichkeit der Chefs
8. Anerkennung für Leistungen
9. Eingehen auf private Themen
10. Information über betriebliche Vorgänge

Von den Führungskräften wird die Bedeutung des Gehaltes stark über- und die Wichtigkeit der Anerkennung dramatisch unterschätzt. Mitarbeiter sind demnach nicht primär geldorientiert. Viel wichtiger ist ihnen ein sinnhaltiger Arbeitsplatz mit Wertschätzung für ihre Leistungen.

Zwei Arbeitsverträge

Vielen Arbeitgebern ist nicht bewusst, dass sie bei der Einstellung eines Mitarbeiters zwei Arbeitsverträge abschließen. Zum einen den offiziellen juristischen, worin die Tätigkeit, die Arbeitszeit, Urlaubsanspruch, Kündigungsfristen und das Gehalt festgelegt werden. Doch der viel wichtigere Arbeitsvertrag ist der inoffizielle, der emotionale. Kurz gefasst lautet er: Engagement des Arbeitnehmers gegen Wertschätzung des Arbeitgebers. Wie oben festgestellt sind die meisten Arbeitgeber der Meinung, das Gehalt sei der Hauptgrund für die Mitarbeiter, zur Arbeit zu erscheinen. Dadurch reduzieren sie unabsichtlich die Mitarbeiter auf das rein materielle. Da Anerkennung der Mitarbeiter nicht als wichtiges Anliegen erkannt wird, gewähren es die Arbeitgeber offenbar oftmals nicht. Wüssten die Chefs um die Wichtigkeit der Wertschätzung für ihre Mitarbeiter, wären sie vermutlich in diesem Bereich deutlich aufmerksamer.

Aus Sicht der Mitarbeiter wird bei fehlender Wertschätzung der (emotionale) Arbeitsvertrag nicht erfüllt. Anfänglich sind sie zunächst engagiert, doch bei ausbleibender Anerkennung reduzieren sie ihren Einsatz bei der Arbeit auf das Notwendigste. Verständlich wird die Reaktion der Mitarbeiter, wenn man die Situation auf den juristischen Arbeitsvertrag überträgt: sie erbringen die vereinbarte Leistung, erhalten aber nicht den vereinbarten Lohn. Ein klarer Fall für das Arbeitsgericht. Ansprüche aus dem emotionalen Arbeitsvertrag sind jedoch nicht einklagbar. Was also bleibt den Arbeitnehmern? Ohne einen funktionierenden emotionalen Arbeitsvertrag ist die Kündigung des juristischen nur eine Frage der Zeit – oder der Gelegenheit. Es wird Dienst nach Vorschrift geleistet, keine Minute mehr als nötig. Und weil die Mitarbeiter sich nicht mehr mit dem Unternehmen und der Arbeit identifizieren, sind ihre Gedanken bei Freizeitaktivitäten, Familie, etc. Das Gehalt hat mehr den Charakter eines Schmerzensgeldes als Entgelt für erbrachte Leistungen. Diese Haltung ist bei Beamten und öffentlich Bediensteten besonders oft anzutreffen. Mit dem Wissen um den emotionalen Arbeitsvertrag ist das Phänomen der „inneren Kündigung“ gut zu verstehen.

○ Ähnlichkeit, Vergleichbarkeit, Konkurrenz – Die Ansprüche der Mandanten steigen

„Die Überflussgesellschaft hat einen Überfluss an ähnlichen Firmen, die ähnliche Mitarbeiter beschäftigen, mit einer ähnlichen Ausbildung, die ähnliche Ideen haben, ähnliche Dinge produzieren mit ähnlicher Qualität“, so die Management-Vordenker Kjell Nordström und Jonas Ridderstrale.

Wenn Sie mit Ihrer Kanzlei also das gleiche Angebot haben wie Ihre Mitbewerber vor Ort und dies auch in vergleichbarer Qualität anbieten, dann heben Sie sich nicht erkennbar von den anderen ab. Den potenziellen Mandanten bleibt als Vergleichsmaßstab nur noch der Preis. Die logische Folge ist Ertragsdruck.

Der Kern jeder Strategie besteht darin, eine andere Position einzunehmen als die Mitbewerber. Der häufigste strategische Fehler ist Imitation.

Umsetzungsfalle Wissen

„Zwar weiß ich viel, doch möcht ich alles wissen“, heißt es in Goethes Faust I und nach dieser Devise scheint auch in manchen Unternehmen und Verwaltungen verfahren zu werden. Es hapert in Deutschland weniger an guten Ideen, als an einer konsequenten Umsetzung. Auch Experten betonen daher die Bedeutung von Soft Skills, die eines gemeinsam haben: Sie befähigen dazu, vom Grübeln ins Handeln zu kommen.

Beliebt ist die Zuflucht bei dem „Erst-muss-ich-noch –mehr-wissen“. Das erforderliche Handeln wird erst einmal vertagt, bis mehr Informationen und vermeintliche Gewissheit vorliegen. Natürlich hätte man schon viel früher handeln können, doch aus Bequemlichkeit oder Angst vor einer falschen Entscheidung geschieht zunächst gar nichts.All das erfüllt wunderbar den gleichen Zweck: Man hat das Problem erst einmal vom Tisch. Denn das Forschungsergebnis kommt erst in vier Monaten, die Mitarbeiter brauchen ihre Zeit, und zum Lesen kommt man leider so selten. Und wenn es endlich so weit ist, benötigt man noch mehr Zahlen, umfassendere Informationen, etc.

Die Folge: Viele Menschen sind Wissensriesen und Umsetzungszwerge.

Halten Sie es lieber mit Jack Welch: „Wenn du etwas als richtig erkannt hast, dann tu es – und zwar sofort!“

- **Die Veränderungen werden immer schneller und tiefgreifender**

Wir haben bereits gehört: Das Chaos wird Normalität. Chaos ist der Zusammenbruch der Ordnung. Die Zustände werden ungeordneter sein. Das Gegenteil einer Situation wird überraschend eintreten. Veränderungen werden ohne Vorwarnung hereinbrechen.

Gefragt sind Wege, sich selbst, die Mitarbeiter und die Kanzlei stets zu erneuern und voranzubringen. Lebenslanges Lernen ist die Devise.

Der Einzelne benötigt eine systematische Vorgehensweise, sich zum einen ständig fortzubilden und auf neue, veränderte Rahmenbedingungen einzustellen. Zum anderen ist es erforderlich, in der eigenen Persönlichkeit eine Kultur der ständigen Verbesserung und Weiterentwicklung zu etablieren. Dies hat verschiedene Namen: in der Automobilindustrie verwendet man den Begriff KVP, kontinuierlicher Veränderungsprozess, die Japaner nennen es Kaizen und Anthony Robbins hat den Begriff CANI geprägt. Constant and never ending improvement.

Wie oft begegnen uns Menschen, die nach Erreichung eines bestimmten Ausbildungs- oder Karrierezielen den Schongang einlegen. Sie sind der Meinung, genug für die eigene Bildung getan zu haben und schalten in auf Autopilot. Diese Einstellung bringt sie langsam aber sicher auf das Abstellgleis.

Die Haltung einer ständigen und nie endenden Verbesserung muss alle Lebensbereiche erfassen. Wenn Verbesserung und Weiterentwicklung zu einem Wesenszug wird, fällt das Einstellen auf veränderte Lebens- und Arbeitssituationen leichter.

- **Kommunikation wird immer wichtiger**

„Gott gab uns nur einen Mund, aber zwei Ohren, damit wir doppelt so viel zuhören können, als wir reden sollten", so Johann Wolfgang von Goethe. Als Menschenspezialist braucht der Steuerberater der Zukunft exzellente Kommunikationsfähigkeiten.

Kommunikation bedeutet den Austausch oder die Übertragung von Informationen. Die Menge an Informationen, mit denen die Menschen täglich beruflich wie privat konfrontiert werden, nimmt ständig zu. Wer in dieser Flut an Zahlen, Daten und Fakten nicht untergehen, sondern wahrgenommen werden möchte, braucht besondere Wege und Fähigkeiten, seine Anliegen zu vermitteln.

Sie stehen im Wettbewerb mit anderen Steuerberatern, die um die Gunst der Mandanten werben. Aber auch iPad und Co. buhlen um Zeit und Aufmerksamkeit Ihrer potenziellen Zielgruppe.

Die Wahrnehmungsfilter, welche relevante von irrelevanter Information trennen, werden immer wirkungsvoller. Um Ihre Botschaft dennoch wahrnehmbar zu transportieren, müssen Sie sich aus der Masse hervorheben.

Was nützt es, wenn Sie der beste Steuerberater Deutschlands sind, aber niemand von Ihnen weiß?

Und was haben Sie davon, wenn Sie fachlich hervorragende Arbeit leisten, Ihre Mandanten das aber gar nicht wissen?

Merke: Nur eine kommunizierte Leistung ist in den Augen der Mandanten eine erbrachte Leistung. Und nur eine solche Leistung kann dem Mandanten berechnet werden.

Auch innerhalb der Kanzlei nimmt die Bedeutung der Überzeugungsfähigkeit des Steuerberaters zu. Er muss den Mitarbeitern die Philosophie des Unternehmens so kommunizieren, dass sie von ihnen geteilt und gelebt wird.

- **Verhandeln wird immer wichtiger (mit Mandanten, Mitarbeitern, Finanzbeamten, Bankern, etc)**

„Sie bekommen nicht, was Sie verdienen, sondern was Sie verhandeln“, formulierte es Hermann Scherer schon treffend. Und tatsächlich ist kaum etwas in Stein gemeißelt, vieles ist verhandelbar.

So wird künftig das Honorar für die erbrachten Leistungen immer weniger durch die Gebührenordnung festgelegt sein, sondern vielmehr zwischen Steuerberater und Mandant verhandelt werden. Kunden werden immer selbstbewusster und preissensibler. Das Argument „Die Gebührenordnung gibt das vor“ wird immer weniger akzeptiert werden. Und Verhandlungskompetenz brauchen Sie nicht nur im geschäftlichen Bereich, um Ihre Interessen gegenüber Mitarbeitern, Mandanten, Finanzbeamten und Bankern zu vertreten. Auch im Privatbereich sind Verhandlungen an der Tagesordnung. Der durchschnittliche Mensch verhandelt 5 bis 10 Mal am Tag. Nicht alle dieser Verhandlungen sind ihm bewusst. Geschäftsleute verhandeln deutlich häufiger, im Schnitt kommen sie auf 20 täglich. Dafür lohnt es sich, in die eigene Verhandlungskompetenz zu investieren.

Rationale Entscheidungen gibt es nicht. Die Entscheidungskraft ist einer Vielzahl von Beeinflussungen ausgesetzt. Die Wissenschaft ist sich darüber einig: Das Gefühl, Herr unserer Entscheidungen zu sein, ist eine der größten Illusionen des Menschen.

Nutzen Sie dies für Ihren geschäftlichen Erfolg.

- **Menschenführung bzw. Leadership wird zur Schlüsselkompetenz**

Führung ist die Umwandlung von Wissen in Kundennutzen. Eine gute Führungskraft muss sich eine bessere Welt vorstellen und in Konsequenzen denken können.

Leadership arbeitet auf Basis von Eigenmotivation durch Vision. Vereinfacht dargestellt ändert sich die Art der Führung. Früher war es üblich, ein Unternehmen durch Befehle zu führen. Der Chef übte Druck aus, um die Mitarbeiter zu einem gewünschten Verhalten zu bewegen. Das dominante Gefühl bei diesen war Angst. Sie folgten den Anweisungen, um negative Konsequenzen zu vermeiden. Gleichwohl war ihnen stets bewusst, dass Ihr Handeln nicht in ihrem eigenen Interesse erfolgte, sondern ausschließlich dem Wohl des Chefs diente. Der Führungsstil Leadership setzt die Mitarbeiter entsprechend ihrer Stärken und Neigungen ein. Er vermittelt zudem eine Unternehmensvision, die im Interesse von allen steht und die von sämtlichen Angehörigen des Unternehmens – vom Auszubildenden bis zum Chef getragen und gelebt wird. Es gibt ein gemeinsames Ziel, auf das alle zustreben. Das Ziel zieht alle magisch an. Das ist führen mit Sog.

GENERATIONENWECHSEL

Der Start in die eigene Kanzlei kann sehr unterschiedlich erfolgen. Die einen starten ohne Mandanten - praktisch von Null an. Den anderen ist dieser Start zu mühsam und sie kaufen eine bestehende Kanzlei oder zumindest deren Mandantenstamm und starten durch diese Übernahme.

Aber auch das Ende der Berufslaufbahn kann sehr unterschiedlich ausgestaltet sein. Während sich die Einen rechtzeitig nach einem Nachfolger umschauen, verpasst auch mancher den Absprung in den Ruhestand. Mancher ältere Kollege kann oder will vielleicht gar nicht loslassen, weil er kein Leben außerhalb des Steuerrechts kennt.

Und selbstverständlich gibt es auch noch das Dazwischen, wo sich einfach eine Gelegenheit ergibt, die bestehende Kanzlei durch den Zukauf einer anderen zu erweitern oder mit einer ganz ausgewählten Struktur von Mandanten zu ergänzen.

Aber wie finden in solchen Fällen Käufer und Verkäufer zusammen? Wann ist der "richtige" Zeitpunkt, um an eine Übernahme bzw. Abgabe zu denken? Welche Erfahrungen haben Sie als Käufer/Verkäufer mit dem Kauf/Verkauf Ihrer Kanzlei gemacht? Auf welche Eckpunkte sollte man besonderen Wert legen?

Manfred Strobl:

„Als Kanzleiinhaber kann man gar nicht früh genug anfangen, einen Nachfolger aufzubauen. Die meisten warten zu lange und verschenken dabei wichtige Zeit. Aus eigener

Erfahrung weiß ich: spätestens mit 50 muss der geeignete Nachfolger gefunden sein und eingearbeitet werden."

Wer zu lange wartet, setzt sich nur unter Druck – und verzichtet auf Geld.

Gegen Ende des Berufslebens neigt die Mehrzahl der Steuerberater dazu, nicht mehr viel in die eigene Kanzlei zu investieren, da man ohnehin bald in Rente geht. Mit dem Wunsch die Kanzlei aber ordentlich verkaufen zu wollen, ist das allerdings der falsche Gedanke.

Ein jüngerer Steuerberater ist eher bereit, eine Kanzlei zu kaufen, die von der EDV-Ausstattung auf aktuellem Stand ist. Erschreckende Beispiele von aktuellen Kanzleiangeboten älterer Berufskollegen gibt es immer wieder. Solche Kanzleien kennen die Autoren zur Genüge. Aus Kostengründen wurde DATEV abgeschafft und stattdessen ein Softwaremix aus WISO Steuersparbuch und Lexware Fibu/Lohn & Gehalt gekauft. Dieser Umstand ist ernüchternd.

Die wichtigsten Punkte sind die Mandantenstruktur und die Abrechnungsmodalitäten. Hat man sich als Steuerberater noch um neue Mandanten bemüht oder war zufrieden den Altbestand nach gewohntem Muster jährlich "abzuarbeiten"? Stimmen die Ertragskennzahlen? Nicht nur an die eigene Sicht denken "Ich habe immer gut von der Kanzlei leben können", sondern auch an die des Erwerbers "Ich muss von der Kanzlei leben. Aber ich muss auch den Kapitaldienst für den Kauf der Kanzlei bedienen können."

Wie wird abgerechnet? Wie ist die Zahlungsmoral der Mandanten? Hat man bei letzterem etwas schleifen lassen, da man ja schon seit Jahrzehnten zusammen arbeitet und eben nicht nach einem Monat anmahnt? Ein Zahlungsziel von sechs Monaten kann einem Kanzleierwerber schnell in eine finanziell ausweglose Situation bringen. .

Eine Kanzlei für einen gedachten Erwerber interessant(er) zu machen gelingt dann eben nicht innerhalb von drei Monaten, sondern sollte sich über einige Jahre hinziehen. Im Kern geht es darum, die eigene Kanzlei einmal auf einen Prüfstand zu stellen und alles aus Sicht des Erwerbers (was würde man selbst als Dritter für die Kanzlei zahlen?) zu hinterfragen.

Also im Kern: nicht nur das Auto "Kanzlei" vorher schnell durch die Waschstraße fahren damit es schön aussieht, sondern zur Inspektion in die Werkstatt bringen, damit auch die inneren Werte stimmen. Das bedeutet in der Konsequenz, dass man nicht nur in der Kanzlei, sondern vor allem an der Kanzlei und ihrer stetigen Verbesserung arbeitet.

Langsam keimt im Berufsstand das Bewusstsein, sich mehr und mehr als Unternehmer zu begreifen und die eigene Kanzlei nach unternehmerischen Gesichtspunkten aufzustellen. Steuerberatern, die schon mehrere Jahrzehnte im Beruf sind, ist diese Denkweise allerdings fremd.

Die lange Bank

In vielen Fällen ist festzustellen, dass das Thema Nachfolge bzw. Übergabe immer wieder verschoben wird - ja geradezu verdrängt wird. Das bringt dann alle Beteiligte in dem Prozess in hektische Aktivität, wenn wegen plötzlicher schwerer Krankheit (Schlaganfall des älteren Kollegen),

kurzfristig eine tragfähige und dauerhafte Lösung herbei soll.
Nicht selten hat der Übernehmer "Aufräumarbeiten" in erheblichem Umfang zu leisten.

Von Anfang an:

Mit Beginn der Selbständigkeit muss immer auch an eine ungeplante Unternehmensnachfolge gedacht werden (Tod, Krankheit oder andere persönlich prägende Familienereignisse). Immerhin stellt die Kanzlei wertmäßig einen nicht unerheblichen Teil der Altersvorsorge dar. Deshalb sollte der Partner wissen:

a) wo der entsprechende Ordner im Fall meines Todes oder einer (auch partiellen) Berufsunfähigkeit steht und
b) welchen befreundeten Kollegen er sofort anzurufen hat, um den Werterhalt und damit die Veräußerungsmöglichkeit der Kanzlei zu sichern.

Fazit: Verantwortungsvolle Nachfolgeplanung, einhergehend mit einer Vertretungsplanung im langfristigen Krankheitsfall, sollte immer mit Beginn der Selbständigkeit geplant sein. Ob dafür Kollegen mit ins Boot genommen oder Mitarbeiter darauf sanft vorbereitet werden, ist in jedem Einzelfall zu betrachten. Bei Mitarbeitern ist nur das Problem, dass man "den Hund bisweilen zur Jagd hintragen“ muss.

Aus Käufersicht:

Für den Käufer ist zu empfehlen, dass er sich im ersten Schritt sehr ausführlich mit der zum Kauf angebotenen

Kanzlei auseinandersetzt. Hierbei ist nicht nur der Bereich der Finanzen wichtig, sondern die Kanzlei sollte ganzheitlich betrachtet werden. Die Struktur der Kunden, die beschäftigten Mitarbeiter und die Prozesse in der Kanzlei geben wichtige Anhaltspunkte für die derzeitige Situation der Kanzlei. Wenn diese Punkte umfänglich betrachtet wurden, wird der potenzielle Käufer in der Lage sein, eine Einschätzung durchzuführen, ob die Kanzlei zu seinen persönlichen Vorstellungen auch wirklich dauerhaft passt.

Dabei muss sich jeder Käufer darüber im klaren sein, was er mit dem Kanzleikauf oder Kanzleizukauf erreichen möchte. Früher wurden Kanzleien vorzugsweise wegen der der Struktur der Mandanten gekauft. Vor dem Hintergrund des derzeitigen Fachkräftemangels sind Kanzleien vermehrt auch an den Mitarbeitern interessiert.

Es lässt sich daher kein allgemeines Interesse ableiten, welches ein Käufer grundsätzlich verfolgt. Die Kanzlei muss vielmehr zu den Interessen des Käufers passen.

Kleine Kanzlei – große Kanzlei

Interessant ist ja in diesem Zusammenhang der Punkt, dass seit 20 Jahren der Tod der kleinen Kanzlei angekündigt wird und seit 20 Jahren sich der Prozentsatz der kleinen Kanzleien nicht nennenswert geändert hat. Es gibt heute noch genauso viele kleine Kanzleien wie früher.

Interessant ist in diesem Zusammenhang noch die Geschichte, wonach der Grund für das Auseinanderbrechen von mittelgroßen Kanzleien nicht die Gewinnverteilung, nicht die Ausrichtung der Geschäftspolitik, sondern Befindlichkeiten der Ehefrau des Seniorpartners sein sollen.

Das Problem der Kleinen:

Kleine Kanzleien leiden sehr oft unter der "Kopflastigkeit" des Chefs. Der Chef ist ein "Alleskönner". Neben seiner eigentlichen Tätigkeit der Steuerberatung muss er als Schauspieler und Pfarrer auftreten. Aufgrund der zunehmenden Bürokratisierung und der Zunahme des fachlichen Anforderungsprofils wird es wohl leider so werden, dass kleine Kanzleien einfach vom Markt verschwinden werden, weil das nicht mehr geleistet werden kann.

Aber:

Kleine Kanzleien sind hoch leistungsfähig, wenn sie sich spezialisieren.

Die Großen schlucken die Kleinen

Es ist festzustellen, dass viele Käufer mittlerweile aus großen Steuerberaterkanzleien stammen und das Büro nicht fortführen, sondern integrieren wollen, also den Mandantenstamm übernehmen und durch eigenes Personal oder Buchführungskräfte bearbeiten lassen.

Die gut geschulten Mitarbeiter der zu übernehmenden Kanzlei gehen dabei entweder unter oder sollen an weit entfernte Zentralen änderungsgekündigt werden.

Einen geeigneten Nachfolger zu finden, der die Kanzlei nebst Mandanten- und Mitarbeiterstamm weiterführt, scheint mir sehr schwierig. Eher wird dann noch versucht, in der längeren Übernahmephase der Zusammenarbeit Mandate "abzusaugen" und ohne Übernahme vorhandener

Strukturen und Kosten in die eigene Kanzlei mitzunehmen.

Tipps und Tricks:

“Earn-Out-Klausel” bei Kanzleiverkäufen:

Bei der Kaufpreisfindung wird eine zeitliche Komponente eingebaut. Ein Jahr nach dem Kauf wird überprüft, welche Mandate tatsächlich beim neuen Kanzleiinhaber geblieben sind. Wird der erwartete Umsatz aus dem übernommenen Mandantenstamm unter- bzw. überschritten, ändert sich rückwirkend der Kaufpreis.

Kleinere Kanzleien:

Gerade in kleineren Kanzleien ist die "Chemie" wichtig zwischen allen Akteuren, Verkäufer (gleitender Ausstieg) - Käufer (möchte möglichst alle Mandate halten) und Mitarbeitern (was kommt da auf uns zu?) Je klarer und offener hier miteinander gesprochen wird, umso besser läuft die Übernahme. Die Mitarbeiter zu halten und zu motivieren, neue Abläufe und Projekte mitzugehen, ist sicherlich eine echte Herausforderung für den "Neuen".

Dem gekauften Gaul...

Jüngere Kanzleikäufer berichten oft, dass der Ausbildungsstand von Mitarbeitern, die man "mit gekauft" hat, sehr unterschiedlich ist. Bis hin zu nicht wirklich vorhandenen Office-Kenntnissen. Da muss oft eine Aus- und Weiterbildungsoffensive vom Käufer angestoßen werden. Die aktuelle Fachkräftesituation lässt hier dem Käufer auch nicht viel Spielraum.

Es ist nie zu früh, über die Kanzleinachfolge nachzudenken. Je eher sich der Steuerberater mit dem Thema beschäftigt, desto wahrscheinlicher wird letztlich ein Ergebnis herauskommen, das seinen Anforderungen entspricht.

Kanzleinachfolge ist auch Teil eines Notfallplans. Tod, Krankheit oder andere persönlich prägende Familienereignisse können Grund dafür sein, dass eine Nachfolge auch früher eintritt als das Erreichen der Altersgrenze.

Ein "Ausschleichen" aus dem Berufsleben, indem man nichts mehr in die Praxis, die Mitarbeiter usw. investiert, ist auf keinen Fall hilfreich - weder für den Inhaber, noch für einen potenziellen Erwerber, da Chancen vergeben werden.

Die Kanzlei hat in der Regel die Mandanten, die zu ihr passen. Daher ist es in einem ersten Schritt wichtig, sich sehr ausführlich mit der zum Kauf angebotenen Kanzlei auseinanderzusetzen und zwar nicht nur der Bereich der Finanzen, sondern auch z. B. die Kundenstruktur, die Mitarbeiterstruktur, die Prozesse in der Kanzlei usw.

Interessant ist, dass Kanzleien aufgrund des Fachkräftemangels inzwischen auch wegen der Mitarbeiter übernommen werden und nicht unbedingt wegen der Mandate.

Eine schriftliche Planung und eine positive Grundeinstellung dem Thema gegenüber wirken manchmal Wunder.

Um Angebot und Nachfrage besser zusammenzubringen, gibt es neben den bekannten Möglichkeiten, wie Angebote bei Kammern und Verbänden, Angebote von etablierten Maklern, persönlicher Empfehlung von Kollegen, Inseraten in bekannten Fachzeitschriften via Chiffre und seit kurzem die DATEV-Kanzleibörse.

Die folgenden drei Faktoren beeinflussen in erster Linie den Kaufpreis einer Kanzlei:

- nachhaltiger Jahresumsatz
- Rendite
- Altersstruktur der Mandanten.

Der Kaufpreis für eine Kanzlei variiert demnach sehr stark und die "Daumenregel" mit 120 % des Umsatzes ist bei tatsächlicher Bandbreite von 70 % bis 138 % inzwischen überholt.

Der Verkäufer tendiert naturgemäß zu 138 %, während der Käufer eher die 70 % im Auge hat. Bei der Preisfindung, aber auch bei der Moderation des Kanzleiübergangs, kann externe Hilfe für beide Seiten hilfreich sein.

Für den Kanzleigründer gibt es drei große Stolperfallen:

- Es wird unterschätzt, wie zögerlich die Mandanten einen Beraterwechsel angehen
- Die Dauer bis zum Erwerb lukrativer Mandate wird unterschätzt
- Die Wichtigkeit von Zeitmanagement wird zu gering eingestuft.

Man erfährt schnell, dass Mandanten sehr gerne über ihre Unzufriedenheit mit ihrem Steuerberater reden, aber daraus nicht unbedingt die Konsequenzen ziehen. Oder alternativ, dass Mandanten, die bisher noch nicht steuerlich beraten sind, sehr angetan das Leistungsangebot nachfragen, sich dann aber durch äußere Einflüsse doch nicht zur Beauftragung entschließen können.

Es ist ebenfalls ein Problem, dass man gerade am Anfang überproportional mit Mandanten konfrontiert wird, die jährlich den Berater wechseln oder extrem preisbewusst sind. Den ersten Fall kann man nicht immer direkt erkennen und es hat zur Folge, dass man im Übernahmejahr regelmäßig mehr Zeitaufwand hat und die lukrativeren Folgejahre dann nicht erledigen kann.

Eine persönliche Empfehlung aus diesen Erfahrungen ist:

Genügend liquide Mittel einzuplanen, da die finanzielle Durststrecke oftmals viel länger als erwartet dauern wird.

Wenn man erkennt, dass man einen häufig wechselnden Mandanten vor sich hat, diesem nicht im Preis entgegen kommen. Es wird ihm im Zweifel sowieso zu teuer sein und er sucht schon den nächsten Einsteiger.

Sich bewusst machen, dass man am Anfang deutlich billiger arbeiten kann, weil man evtl. kein Personal hat (und man schnell denkt, dass die eigene Arbeitszeit nicht so viel wert ist), weil die Infrastruktur nicht so teuer ist usw. Sehr schnell steigen jedoch die Kosten und spätestens dann steht man vor dem Problem, dass die Mandanten dann weiterhin günstige Preise erwarten.

Dennoch greift die Empfehlung, dass man direkt selbstbewusst abrechnen sollte, so pauschal oft nicht. Man wird nicht daran vorbeikommen, auch Mandate anzunehmen, die sehr preisbewusst sind, denn letztlich braucht man Mandate, um sich einen Namen zu machen. Wenn man dann die Vollauslastung erreicht hat, kann man dann die Preise erhöhen und das Mandat zu einem lukrativen Mandat machen oder eben ziehen lassen.

Während man am Anfang oft den Kopf schüttelt, was Mandanten für Horrorgeschichten von alteingesessenen Steuerberatern erzählen, ertappt man sich irgendwann dabei, dass man selbst ins Straucheln kommt und wichtige Dinge vernachlässigt.

Wie sind Ihre Gedanken zum Generationenwechsel? Sei es als Übergeber oder Übernehmer, hier haben Sie die Gelegenheit, kurze Notizen anzubringen.

Menschen und ihre Bedürfnisse

Menschen sind leichter zu verstehen, wenn man ihre Bedürfnisse erkennt. Auch wenn sich jeder Mensch von den anderen unterscheidet, haben doch alle Menschen folgende Bedürfnisse.

Die Ausprägung ist so unterschiedlich und individuell, dass es keine zwei Menschen mit exakt dem gleichen Bedürfnisprofil gibt. Die menschliche DNA besteht nur aus vier Bausteinen, doch die Kombinationsmöglichkeiten ergeben eine schier unerschöpfliche Vielfalt an Menschen.

Auch die EDV und die Informationstechnologie basieren letztliche auf den Informationseinheiten 0 und 1, sprich an und aus. Doch diese einfachen Zustände haben das Informationszeitalter und die enormen Möglichkeiten der Bearbeitung und Speicherung von fast unvorstellbaren Datenbeständen ermöglicht.

Es gibt sechs menschliche Bedürfnisse:

1. Sicherheit
2. Unsicherheit/Abwechslung
3. Bedeutung
4. Beziehung/Liebe
5. Wachstum
6. Beitrag

Jeder Mensch hat das Bedürfnis nach Sicherheit, nach der Versorgung mit dem Lebensnotwendigen und nach Stabilität. Ebenso ist allen Menschen der Wunsch nach Abwechslung gemein, also die Durchbrechung von täglicher Routine. Und jeder von uns möchte bedeutend sein, in seiner Individualität wahrgenommen und wertgeschätzt werden.

Und das größte Bedürfnis der Menschen ist das nach Liebe. Darüber hinaus hat jedes menschliche Lebewesen den Wunsch, sich fortzuentwickeln, zu wachsen. Und schließlich ist es ein Grundbedürfnis, einen Beitrag zum großen Ganzen zu leisten.

Diese Bedürfnisse sind bei jedem Menschen unterschiedlich. Manche haben ein sehr stark ausgeprägtes Sicherheitsbedürfnis, wiederum anderen ist besonders wichtig, von anderen als bedeutend angesehen zu werden.

Diese Bedürfnisse können auf die unterschiedlichsten Arten bedient werden. Am wichtigsten ist die Unterteilung in extern und intern. Am Beispiel Sicherheit festgemacht kann der eine Mensch viel Wert auf äußere Sicherheit legen sprich Polizei auf den Straßen, einen stabilen Zaun um sein Grundstück, ein besonders sicheres Auto und eine gute Absicherung sämtlicher Lebensrisiken.

Ein anderer könnte die Einstellung haben: „ Ich habe bisher alle Herausforderungen in meinem Leben gemeistert. Warum sollte das in Zukunft anders sein?“ Ein solcher Mensch geht mit größerer Gelassenheit durch die Welt und ist zudem weniger anfällig für Beeinflussung von außen.

Unser Tipp: Wenn Sie sich mit den sechs menschlichen Bedürfnissen befassen und diese einmal für sich selbst durchgehen, achten Sie auf Möglichkeiten, diese Bedürfnisse in sich selbst abzudecken. Das erhöht Ihre Freiheit enorm.

DIE SIEBEN LEBENSPRINZIPIEN

Aus der Schule sind den meisten Menschen lediglich oberflächliche physikalische Gesetzmäßigkeiten in Erinnerung. Dringt man tiefer in die Grundlagen der Quantenphysik ein, ist der Schritt zu den Lebensprinzipien nicht mehr weit. Die berühmte Formel von Einstein $E = mc^2$ stellt dar, dass Energie verschiedene Erscheinungsformen und Komponenten hat.

Die 7 Lebensprinzipien sind die Gesetze, nach denen das Leben funktioniert. Sie sind Komponenten der menschlichen Lebensenergie. Die Grenze zwischen Physik und geistigen Aspekten verschwimmt mehr und mehr.

Kosmos – das griechische Wort für Ordnung. In dieser absoluten Ordnung des Universums gibt es keinen Platz für puren Zufall. Unser ganzes Leben, jeder einzelne Moment ist durchdrungen von einer faszinierenden inneren Ordnung. Diese Ordnung folgt bestimmten Gesetzen, den geistigen Gesetzen.

Unser ganzes Leben vollzieht sich in Rhythmen: Ebbe und Flut, Tag und Nacht, Einatmen und Ausatmen, Wachen und Schlafen, Aktivsein und Ruhen, Saat und Ernte. Alles hat seine Zeit. Würde der Bauer zur falschen Zeit säen, könnte er nichts ernten. Es ist also wichtig, diese universellen Gesetze zu kennen, damit der Rhythmus des Lebens sinnvoll genutzt werden kann. Das eine ist ohne das andere nicht möglich, es gehört zusammen, ist ein Ganzes, ist Inhalt unseres Lebens.

Die geistigen Gesetze wurden von weisen Meistern aus verschiedensten Kulturen überliefert. Wir sollten diese Gesetze verantwortungsvoll nutzen, das Richtige zur rechten Zeit tun und in Selbstbestimmung ein erfolgreiches und erfülltes Leben führen.

1. Ursache und Wirkung

Jeder Vorgang hat eine Ursache, nichts geschieht zufällig. Dabei ist stets der Gedanke die Ursache, die eine Wirkung nach sich zieht. Jeder einzelne Gedanke verändert unser Schicksal, verursacht Erfolg oder Misserfolg, Gesundheit oder Krankheit, Glück oder Leid. Wir müssen lernen, möglichst optimal mit unserem Denkinstrument umzugehen. Unsere Lebensumstände existieren nur durch unsere Gedanken – sie schaffen alle Wirkungen in unserem Leben, unsere Wirklichkeit. Und Gedanken, die wir nicht loswerden, werden unser Schicksal.

Nur was vorher gedacht wurde (Ursache) kann überhaupt existieren (Wirkung). Der sogenannte Zufall (Wirkung) trägt nur eine unbekannte Ursache mit sich. Alles geschieht gesetzmäßig, nichts ereignet sich zufällig. Es gibt verschiedene Ebenen von Ursache und Wirkung, wobei die höheren die niedrigen Ebenen beherrschen.

Alles in der externen Welt um uns herum hat mit einem Gedanken von uns begonnen. Wer diesen Zusammenhang versteht, kann fast Bestellungen aufgeben, die sich dann in der Wirklichkeit umsetzen.

Das Prinzip von Ursache und Wirkung ist die Basis für das Mentaltraining, das sämtliche Spitzensportler erfolgreich anwenden.

Das Geheimnis der Gedankenkraft

Die meisten Menschen scheinen zu glauben, dass Gedanken flüchtig, unbedeutend und wirkungslos sind, denn sonst würden sie nicht so achtlos mit ihnen umgehen. Kaum jemand bemerkt, welch ein „Gedankentheater“ oder „Kopfkino“ in seinem Kopf stattfindet. Täglich huschen uns Tausende Gedanken durch den Kopf und der Großteil davon ist Schrott. Wir meinen, sie seien uninteressant und unbedeutend und ohne Wirkung. Doch das Gegenteil ist zutreffend. Gedanken haben die Kraft, unseren Körper, unsere Handlungen, unsere Realität und auch das Leben anderer Menschen zu verändern. In der Psychologie ist die Macht der Gedanken unbestritten. Denn wie soll jemand glücklich sein, der depressive Gedanken hegt? Wie soll sich jemand mit einem Kollegen gut verstehen, wenn er Schlechtes über ihn denkt? Wie soll jemand mutig sein, der seinen Geist auf die Gefahren des Lebens fokussiert? Jeder kann dies selbst ausprobieren. Selbst einfache Herausforderungen können durch falsche Gedanken zu unüberwindlichen Hindernissen anwachsen.

Ein sehr anschauliches Gedankenexperiment dazu:

Jeder Bergsteiger kann das erproben, wenn er über einen schmalen Pfad am Abgrund entlangläuft.

Lässt er seinen Gedanken freien Lauf, malt er sich aus, wie ein Fehltritt zum Absturz führt, wie er über die Kante des Pfades rutscht, wie sein Schrei von den Bergen widerhallt, wie er mit dem Kopf gegen einen hervorstehenden Felsen kracht, wie er dann blutüberströmt unten auf den Steinen aufschlägt – dann hat er bereits verloren. Die Angst ist da. Die Beine zittern, der Blick wird fahrig, die Hände schweißnass. Weitergehen wird wirklich gefährlich.
Ist derselbe Bergsteiger dagegen in der Lage, seine Gedanken zu zügeln und nur an das Gelingen zu denken, an den sicheren Stand der Füße, den festen Griff der Hände, die Unerschütterlichkeit des Gleichgewichts – so kann er mühelos weiterlaufen. Es ist dann nicht schwieriger, als zu ebener Erde spazieren zu gehen. Das Geheimnis der Schwindelfreiheit liegt in der Zähmung der Gedanken. Doch Gedanken können nicht nur Hürden vor einfachen Situationen errichten, sie können im umgekehrten Fall auch Auswege aus unerträglicher Lage weisen.

2. Spiegelresonanz

"Wie oben, so unten, wie unten, so oben. Wie im Kleinsten, so im Größten, wie innen, so außen." Damit sagt das Gesetz auch, dass ein bestimmter Inhalt auch immer eine bestimmte Form haben muss. Inhalt und Form sind identisch. Es begegnet uns nichts, was nicht irgendetwas mit uns zu tun hat.

Alles was uns ärgert oder stört im Leben ist ein direkter Spiegel unserer inneren Einstellung. Meist ist es gut versteckt und nicht direkt erkennbar; gemäß diesem Lebensprinzip muss aber immer eine Resonanz – eine Entsprechung – da sein. In unangenehmen Situationen ist also folgende Frage zielführend: Was hat das mit mir zu tun? Wo habe ich eine entsprechende Resonanz dazu? Die besten Spiegel sind Ehepartner, Kinder, Mitarbeiter, Arbeitskollegen - kurzum Menschen, die Emotionen bei Ihnen auslösen.
Nach dem Gesetz der Spiegelresonanz hat alles, was uns in unserem Umfeld emotional stark beeinflusst, eine direkte Resonanz zu uns. Das, was wir in unserer Umgebung erkennen, spiegelt jenes, was oft unbewusst in unserem Inneren schlummert. Dabei ist es völlig egal, ob wir es positiv oder negativ bewerten. Entweder leben wir das, was wir wahrnehmen in einer Überkompensation eins zu eins oder wir unterdrücken es.

Wenn uns im Außen also etwas begegnet, das uns aufregt, nervt oder wütend macht, dann muss dies ein eigenes inneres Feld von uns selbst sein. Etwas von uns selber ist nicht im Gleichgewicht, deshalb reagieren wir emotional darauf.

Das Prinzip der Spiegelresonanz führt zu folgender Erkenntnis:

Unsere Wahrnehmung im Außen konzentriert sich auf Dinge, die wir selbst zu viel oder zu wenig leben.

3. Anziehung

Gleiches zieht Gleiches an und wird durch Gleiches verstärkt. Ungleiches stößt einander ab. Das Stärkere bestimmt das Schwächere und gleicht es sich an. Jeder kann nur das anziehen, was seiner derzeitigen Schwingung entspricht. Die vorherrschenden Gedanken, Gefühle und Neigungen eines Menschen bestimmen seine geistige Atmosphäre und schaffen so eine Aura des Erfolges – oder des Misserfolges. Bewusste oder unbewusste innere Programme sorgen dafür, dass wir im Leben bestimmte Dinge anziehen und andere abstoßen. Diese inneren Programme sind wie Magnete und senden rund um die Uhr Energie aus. Trifft ein anderer Mensch mit der gleichen Energie darauf, ziehen sich diese Felder automatisch an.

Überprüfen Sie im Alltag, was Ihnen immer wieder passiert und welche Situationen Sie anziehen. Daraus können Sie Ihre persönlichen Muster erkennen. Doch das ist nicht einfach: Fehlendes Bewusstsein und die oft etwas eingeschränkte Wahrnehmung des Menschen lassen die Dinge anders erscheinen, als sie in Wirklichkeit sind.

Heute ist bekannt, dass nahezu 90% der Gedanken unbewusst ablaufen. Was sie beinhalten, ist uns deshalb naturgemäß meist nicht bekannt. Wenn in den unbewussten Gedanken ein Krankheitsprogramm abläuft, dann ist das Auftreten der Krankheit eine logische Konsequenz.

Die Wirkungsweise von Resonanzfeldern lässt sich gut am Prinzip der Stimmgabel erklären: Stellen Sie sich bitte vor, Sie haben in einem Raum 20 verschiedene Stimmgabeln aufgestellt. Wenn Sie nun eine Stimmgabel anschlagen und zum Klingen bringen, wie verhalten sich die anderen Stimmgabeln? Nicht alle beginnen zu schwingen, sondern nur diejenigen, die den gleichen Ton – die gleiche Wellenlänge bzw. Eigenfrequenz – haben. Es kommt gar nicht darauf an, wo sich die Stimmgabeln befinden, die Schallwellen finden den Weg zur passenden Stimmgabel. Nur die Gabeln mit der gleichen „Einstellung“ werden schwingen, weil sie mit der angeschlagenen Stimmgabel in Resonanz gehen. Genau nach diesem Prinzip ziehen auch Menschen Dinge im Leben an oder stoßen diese ab.

4. Polarität

Alles hat immer zwei Pole, wie hell und dunkel, heiß und kalt, laut und leise. Die Gegensätze sind aber nur extreme Ausprägungen ein und derselben Sache. Alle scheinbaren Gegensätze sind ihrem Wesen nach identisch, nur verschieden im Grad ihres Ausdrucks.

Das Leben ist überall und durchgängig auf zwei Polen aufgebaut. Es gibt für alles einen Gegenpol. Das bedeutet auch: Wo ein Problem ist, muss auch irgendwo eine Lösung vorhanden sein. Eine Krise ist immer auch eine Chance. Einen Sieger kann es nur geben, wenn es auch einen Verlierer gibt. Und wo ein Anfang ist, muss auch ein Ende folgen. Es sind stets die zwei Seiten einer Medaille. Wichtig ist, beide Seiten bewusst wahrzunehmen.

Das Prinzip der Polarität ist eines der elementarsten Naturprinzipien. Oberflächlich betrachtet ist die Polarität in ein paar Sätzen erklärt. Bei genauerer Betrachtung erkennt man kausale Zusammenhänge mit weiteren Naturprinzipien. Diese beiden Seiten sind widersprüchlich und doch bedingen sie einander. Die eine Seite wäre ohne die andere nicht existent.

Ausgleich finden

Die Kunst des Lebens besteht darin, den Ausgleich zwischen den Polen zu finden. Wenn ich mich auf der einen Seite bewege, zum Beispiel im Trubel, brauche ich zur Balance eine Zeit der Ruhe. Je mehr ich mich dem Extrem hingebe, umso extremer bedarf es zum Ausgleich die andere Seite. Mit dem Verständnis der Zusammenhänge der Naturprinzipien wird es möglich, mit den gegensätzlichen Kräften in Einklang und Harmonie zu leben. Denn wer einen der Pole nicht annehmen will, wird nicht in die Einheit kommen.

Doch gerade diese Einheit, dieses Eins-sein bringt den inneren Frieden. Wer einen Pol ablehnt, stärkt automatisch den Gegenpol.

5. Gleichgewicht

Alle Aspekte des Lebens haben männliche und weibliche Anteile. Das Männliche gibt die Richtung vor (das Aktive, die Idee, der Wille) und das Weibliche ist das Annehmende und Ausführende (das Passive). Die meisten Menschen haben mehr den weiblichen Anteil fokussiert und lassen sich leider zu oft von den negativen Gedanken und Gefühlen anderer befruchten, so dass sie schließlich das ernten, was sie gar nicht wollten.

Die Natur gleicht im Leben immer wieder aus. Wer über längere Zeit das eine Extrem lebt, wird eines Tages vom Leben automatisch zum gegensätzlichen Pol geführt. Denn ein Pendel schlägt immer nach beiden Seiten aus. Wer nicht in Balance ist, wird durch das Leben – manchmal recht unsanft – in Balance gebracht. Man zieht dann den Gegenpol an: etwa einen Partner oder Mitarbeiter, der einem die unangenehmen Schattenseiten widerspiegelt. Oder man wird durch Probleme, Krankheiten, Unfälle, Kündigung oder dergleichen aus der Komfortzone gebracht.

Die Kunst des Lebens besteht nicht nur darin, in einem einzigen Lebensbereich erfolgreich zu sein. Immer wieder gibt es Menschen, die beispielsweise beruflich, finanziell oder im Familienleben „erfolgreich“ sind. Doch was ist unter „Erfolg“ zu verstehen? Etwas, das erfolgt ... folgt. Aus welchem Grund? Eventuell aufgrund des Glücks? Untersuchungen haben ergeben, dass es den Menschen sehr viel einfacher fällt, das was sie erhalten, auch zu wollen, wenn in ihrem Leben ein gewisses Gleichgewicht herrscht.

6. Lebensrhythmus

Alles fließt in einem ewigen, gezeitenähnlichen Zyklus (Rhythmus). Nichts bleibt so wie es ist - alles ändert sich. Wir unterliegen einem ewigen, fortschreitenden Wandlungsprozess. Ein- und Ausatmen, Ebbe und Flut, Sonnenauf- und -untergang, Tag und Nacht, Sommer und Winter, Geburt und Tod sind Beispiele hierfür. Wenn der Rhythmus nicht stimmt, wird man mit seinen Bemühungen keinen Erfolg haben. Wenn Sie also nicht im Fluss sind, dann beachten Sie die Zeichen des Lebens. Wenn es klemmt und nicht vorwärts geht, könnte es daran liegen, dass das Timing nicht stimmt.

Der Rhythmus ist der Ausgleich zwischen den Polen, der Bewegung von einer Seite zu der anderen. Alles hat seine Zeit, nichts lässt sich zwingen. Wie bei einer Welle lohnt es sich nicht, gegen den Rhythmus anzukämpfen. Es verbraucht übermäßig Energie und führt doch zu keinem Ergebnis.

7. Alles ist miteinander verbunden

Jeder Mensch ist das Ergebnis seiner Gedanken, denn Gedanken sind Energie, die ausgestrahlt wird. Diese Energiefelder werden wie Radiowellen ausgesandt und treffen irgendwo auf andere Menschen, die für diese Frequenz empfänglich sind und diese Energie aufnehmen. Diese verbindende Energie ist um den ganzen Erdball verbreitet, so dass feinstofflich jeder mit jedem verbunden ist. Auch sind alle sieben Prinzipien miteinander verbunden und greifen wie die Räder eines Uhrwerks ineinander: Dreht man an einem Zahnrad, bewegt es auch immer alle anderen Räder mit. Durch bewusste Anwendung dieser Lebensgesetze lässt sich vieles verstehen. Wie bei einem Schachspiel erkennt man die Aufgaben und die Bedeutung der einzelnen Figuren. So beginnt das Leben Spaß zu machen und Sie werden der Regisseur im Film Ihres Lebens. Sie schreiben das Drehbuch und sind zugleich Regisseur und Hauptdarsteller. Wenn Ihnen die Rolle nicht mehr gefällt, ändern Sie das Drehbuch und drehen eine neue Szene.

Intuitionstraining

Mit dem so genannten sechsten Sinn und dem Zugang zum Unbewussten können Sie die morphischen Felder kennenlernen.

Das Bauchgefühl

Studien beweisen, dass erfolgreiche Menschen Ihre Entscheidungen oft intuitiv, also aus dem Bauch heraus treffen. Das berühmte Bauchgefühl führt meist zu besseren Resultaten als das lange Hin- und Herwälzen von Fakten durch die linke, logische Gehirnhälfte. Wer gelernt hat, mit seinem Bauchgefühl zusammen zu arbeiten, steigert seine Lebensqualität um ein Vielfaches. Man weiß einfach, was zu tun ist. Die Angst vor falschen Entscheidungen, die oft die Ursache für ein Nichtentscheiden ist, löst sich auf.

Der sechste Sinn

Vielleicht haben Sie ähnliches auch schon einmal erlebt: Sie gehen zur Post, zwei Schalter sind geöffnet. Links stehen zwei Personen, rechts eine Schlange von vier Kunden. Ihr erstes Gefühl zieht Sie automatisch nach rechts zu der längeren Schlange. Sofort meldet sich Ihr Verstand: „Links bei den zwei Personen geht es viel schneller!“ Und schon ist es passiert. Während Sie in der linken Schlange immer noch an Position drei stehen, können Sie zuschauen, wie rechts schon die vierte Person an den Schalter gelangt.

Leider folgen in unserer Gesellschaft die meisten Menschen ihrer Logik, obwohl die meisten im Voraus spüren, was zu tun wäre. Das bedeutet: das Unterbewusstsein weiß bereits, was in der Zukunft passieren wird und welcher Weg der einfachere wäre. Die Kunst ist, zu lernen, auf diese Gefühle zu achten und die Sprache des Bauches, der Intuition zu verstehen.

Zugang zur Intuition gewinnen Sie über die Aktivierung der Herzintelligenz. Das Herz ist nicht nur eine Blutpumpe, sondern auch der Sitz der empathischen Qualitäten eines Menschen. Und es ist eine wahres Kraftwerk. Diese Kraft erkennen Sie bereits daran, dass Sie den Herzschlag einer Person über den Puls ertasten können, für die Hirnströme aber ein EEG-Gerät benötigen. Herz und Hirn sind aber keine Gegenspieler, sie sollen zusammen arbeiten. Gerade in Stresssituationen sind Herz- und Hirnströme völlig unterschiedlich. Wenn Sie merken, dass Sie gestresst und nervös sind, können Sie mit einer einfachen Übung Herz und Hirn in Einklang bringen, beide arbeiten dann synchron.

In das Herz atmen:
Schließen Sie Ihre Augen und legen Sie Ihre rechte Hand auf Ihr Herz. Stellen Sie sich dabei Ihr Herz bildlich vor. Empfinden Sie Dankbarkeit für Ihr Herz und die ganze Leistung, die es Tag und Nacht, Ihr ganzes Leben lang für Sie erbringt. Sie merken, wie Sie sich langsam beruhigen. Stellen Sie sich nun vor, Sie atmen in Ihr Herz – ein und aus. Spüren Sie die Kraft und die Lebendigkeit, die Ihr Herz ausstrahlt. Machen Sie diese Übung drei bis fünf Minuten. Der Stress wird sich deutlich reduziert haben.

Sieben Gründe, ein Menschenspezialist zu werden

Menschenführung ist Unternehmensführung

1. Sie können sich in andere besser hinein versetzen

2. Mitarbeiter werden engagierter, wenn sie sich verstanden fühlen.

3. Sie bemerken Konflikte bereits in der Entstehung und können gegensteuern.

4. Sie werden attraktiv für (gute) Mitarbeiter und Mandanten.

5. Gutes Betriebsklima, die Arbeit wird angenehmer, die Fehlerquote sinkt.

6. Ein positiver Kreislauf wird in Gang gesetzt, persönlicher Freiraum für Sie.

7. Wirtschaftlicher Erfolg ist die zwangsläufige Folge.

SCHRITTE ZUM MENSCHENSPEZIALISTEN

In diesem Kapitel finden Sie Hinweise und Anregungen, wie Sie sich Schritt für Schritt zum Menschenspezialisten entwickeln können. Finden Sie dabei Ihren eigenen Weg und Ihre eigene Geschwindigkeit. Ein Steuerberater muss sich mit 4 Hauptgruppen befassen und dabei ständig am Ball bleiben.

Die Personengruppen in Reihenfolge ihrer Wichtigkeit

1. Sie selbst
2. Ihre Mitarbeiter
3. Ihre Mandanten
4. Finanzamt und andere Geschäftspartner

Wie „ticken“ die Menschen, zum Beispiel die Finanzbeamten?

DISG® – Ein Schritt zur Lösung

Vielleicht haben Sie von dem DISG-Modell schon gehört und es möglicherweise für die Einordnung Ihrer Kunden bereits angewendet. Deshalb hier nur die wichtigsten Grundlagen, damit wir von einer gleichen Basis ausgehen können. Im Übrigen lohnt es sich sehr, sich mit diesem Thema eingehend zu beschäftigen und es für eigene Zwecke weiter zu entwickeln.

Das DISG®-Modell teilt die Menschen in 4 Gruppen ein und ordnet ihnen Farben zu.

Dominant (Rot): Extrovertierter Denker, stark im Umgang mit Problemen und Herausforderungen. Dominierende Emotionen: Ärger, Unmut.

Initiativ (Gelb): Extrovertierter Fühler, stark in Kontakten zu anderen und Einflussnahme. Dominierende Emotionen: Fröhlichkeit, Freude

Stetig (Grün): Introvertierter Fühler, stark in Arbeitsweise und Beständigkeit. Dominierende Emotionen: Selbstbeherrschung trotz intensiver Gefühle

Gewissenhaft (Blau): Introvertierter Denker, stark im Umgang mit Regeln und Strukturen. Dominierende Gefühle: versteckte Angst, Befürchtungen.

Falls Sie noch keinen DISG®-Test von sich haben machen lassen, empfehle ich Ihnen den Selbsttest in dem Buch „Menschenkenntnis auf einen Blick" von Frank M. Scheelen auf Seite 63.

Als selbständiger Versicherungs-, Finanz- oder Vermögensberater sind Sie mit an Sicherheit grenzender Wahrscheinlichkeit ein „Roter" oder ein „Gelber". Warum ich da so sicher bin? Ganz einfach: für Ihren Beruf müssen Sie aktiv sein und auf Menschen zugehen. Diese extrovertierten Eigenschaften haben die Roten und die Gelben, nicht aber die Grünen und die Blauen. Den Grünen ist der Umgang mit Menschen zwar auch wichtig und sie sind ausgeprägte Familienmenschen. Doch ihnen fehlt die Initiative für die Selbständigkeit. Und wenn Sie ein Blauer wären, kämen Sie zwar mit den zahlreichen Vorschriften und Regeln prima klar die Sie im regulierten Deutschland beachten müssen; doch Sie hätten panische Angst vor den Risiken, welche das eigene Unternehmen mit sich bringen.

Betrachten wir nun die beim Finanzamt vorherrschende Gruppe der Blauen und wie sie von Frank M. Scheelen in „Menschenkenntnis auf einen Blick“ beschrieben werden:

„Der Blaue: Detaillist und Denker

Erster Eindruck

Der blaue Farbtyp ist der zurückhaltendste aller vier Farbtypen. Er tauscht keine langen Vorreden aus, sondern kommt am liebsten gleich zur Sache. Auf dem Boden der objektiven Fakten fühlt er sich am wohlsten. Er ist gern für sich allein. Er wirkt unauffällig und gehört nicht zu den Menschen, die man auf den ersten Blick wahrnimmt. Aber er ist derjenige mit dem größten Sachverstand und Detailwissen. Er arbeitet sich sehr gründlich in seine Projekte ein und es ist beeindruckend, wie tief er Hintergründe analysiert und kennt.

Seine Körpersprache ist sehr reduziert. Er wirkt immer ein bisschen steif, manchmal unbeholfen. Er zeigt weder lebhafte Gestik noch Mimik, da er sehr beherrscht ist und sich stark selbst kontrolliert.

Er ist ungemein ordentlich, fast schon penibel.

Typische Redewendungen:

- „Das muss ich mir erst einmal in Ruhe überlegen.“
- „Kommen wir doch gleich zur Sache.“
- „Bitte beachten Sie auch dieses Detail: …“
- „Ich muss mir die Unterlagen erst anschauen.“

Emotionen

Seine wichtigste Emotion, mit der er sich selbst am meisten auseinandersetzen muss, ist die Angst. Er hat große Angst davor, etwas falsch zu machen. Er ist ein Perfektionist und kann sich Fehler nur schwer verzeihen. Deshalb kann er auch Kritik nur schwer einstecken. Sofort kommt in ihm die Angst hoch, dass jetzt etwas völlig aus dem Ruder läuft. Er kann mit Chaos nicht umgehen und braucht Ordnung sowie feste Strukturen. Deshalb strengt er sich auch enorm an, alles so perfekt wie möglich zu erledigen.

Verhalten im Beruf

Der Blaue ist im Gegensatz zum Gelben kein Zukunftsdenker. Er geht immer von den bisher gemachten Erfahrungen aus und entwickelt daraus ein Szenario. Absolut neue, revolutionäre Einfälle hat er deshalb nicht. Allem Neuen steht er skeptisch gegenüber und wartet erst einmal ab, welche Erfahrungen andere damit machen. Im Team ist er eher schweigsam, aber wenn er etwas sagt, wird das beachtet. Er ist ein idealer Kontrolleur im positiven Sinne, der auf Zeitpläne achtet und darauf, dass Dinge komplett und richtig erledigt werden.

Verhalten bei Stress und in Konflikten

Stress verursacht dem Blauen vor allem, wenn er auf chaotische Strukturen stößt oder unter Zeitdruck gesetzt wird. (Anmerkung des Autors: Was in der Finanzverwaltung beides regelmäßig der Fall ist!) Er braucht die Übersicht und Klarheit. Unklare Aufgabenstellungen, verworrene Arbeitsabläufe und unklare Kommunikationswege verunsichern ihn stark und dann kann er sich nicht mehr auf die eigentliche Arbeit konzentrieren. Noch schlimmer sind für ihn knappe Termine, die er einhalten soll. Dann versteift er sich auf irgendein Detail und verfällt in eine Art Lähmung, weil er nur noch den Termin sieht und nicht mehr die Arbeit.

In Konflikte gerät er, wenn er zu stark oder fälschlicherweise kritisiert wird. Dann wird er seinerseits sehr kritisch mit anderen und sein logischer Verstand findet immer einen Makel an der Arbeit des anderen. Wenn er nicht aufpasst, kann er zum Pedanten werden."

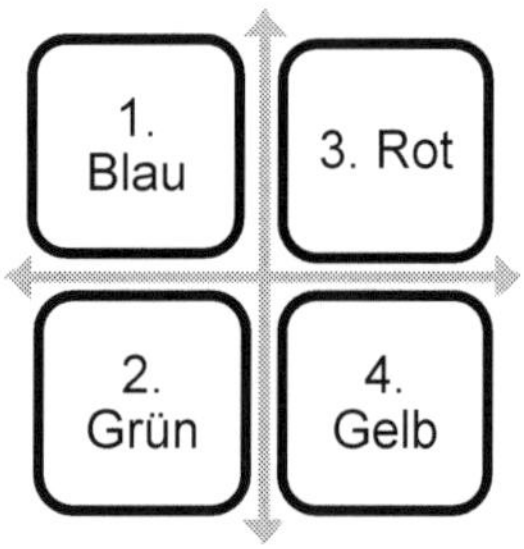

In dem oberen Quadranten sehen Sie die Einteilung der einzelnen Typen. Die linke Seite ist introvertiert, die rechte Seite extrovertiert. Die obere Hälfte ist sachorientiert, die untere Hälfte menschenorientiert.

Es ist auffallend, dass auf der linken Seite eher Arbeitnehmer, auf der rechten Seite eher Selbständige und Unternehmer zu finden sind. Sie sind durch den offenen Kontakt mit ihren Kunden notwendigerweise tendenziell extrovertiert.

Und die Finanzbeamten? Was meinen Sie, in welche Gruppe diese überwiegend gehören?

Und was bedeutet das für ihr Weltbild und ihre Kommunikation?

Übertragen auf Finanzbeamte und Finanzdienstleister kann man sagen, hier treffen zwei große Sender aufeinander: ZDF und ARD. Beide mit völlig unterschiedlichem Programm und anderen Zielgruppen. Bei den Finanzbeamten zählen nur **Z**ahlen, **D**aten, **F**akten. Bei den Finanzdienstleistern geht es vielmehr um **A**lle **R**estlichen **D**inge.

Rote und Gelbe genießen die Welt im Außen. Sie lassen sich von schnellen Autos, schicken Wohnungen, tollen Partys und spontanen Aktionen begeistern. Dafür sind sie auch gern bereit, Geld auszugeben.

So etwas kann der Blaue nun gar nicht verstehen. Sein Leben läuft geplant, geordnet und weitgehend vorhersehbar. Das schillernde Leben eines Gelben mit den zahlreichen Hochs und Tiefs betrachtet er teils mit Bewunderung, teils mit Verständnislosigkeit. Insgeheim beneidet er ihn um das Abenteuer, aber für ihn wäre das nichts. Zu viel Risiko, zu wenig Sicherheit.

Können Sie sich vorstellen, was passiert, wenn ein blauer Finanzbeamter auf einen gelb-roten Unternehmer trifft?

Auf der einen Seite ein sicherheitsorientierter Mensch, der einen geregelten Arbeitstag, überschaubares aber gesichertes Einkommen und klare Anweisungen hat. Jemand, der die Welt einteilt und kategorisiert, sein Geld diszipliniert einteilt, der einmal im Jahr an die Nordsee in Urlaub reist und einen Ford Focus fährt.

Auf der anderen Seite

Der Beamte hält das Einkommen und den Lebensstil des Unternehmers (verglichen mit seinem eigenen Status) für völlig überzogen. Zudem wurden einige formelle Regelungen beim Fahrtenbuch nicht eingehalten. Der Prüfer ist der Meinung, der Unternehmer habe bei seinen Ausgaben jegliches angemessene Maß überschritten. Die auf den Gewinn anfallende Steuer nicht zurückzulegen ist für ihn absolut unverzeihlich. Ihm selbst wäre das niemals passiert.

Damit wir uns richtig verstehen: ich unterstelle keinem eine böse Absicht. Finanzbeamter und Steuerzahler leben in völlig unterschiedlichen Welten und haben eine ganz eigene Sichtweise auf die Dinge.

Das eigentliche Problem besteht darin, dass der Finanzbeamte den Unternehmer nicht verstehen kann – und umgekehrt.

So auch der Finanzbeamte. Der Unternehmer hat sich nicht in Übereinstimmung mit den Vorschriften und dem Denken des Finanzbeamten verhalten. Obwohl es dafür durchaus nachvollziehbare Gründe gibt – die sich dem Finanzbeamten aber nicht erschließen – bewertet dieser das Verhalten des Unternehmers negativ.

Folgendes Gedankenspiel finden wir reizvoll:

Wie würde der Fall mit einem gelb-roten Prüfer und einem blauen Steuerzahler ablaufen? Nun, zum einen hätte der Blaue wahrscheinlich die Regelungen peinlich genau eingehalten. Da er nicht offen auf die Menschen zugehen kann, hat er wahrscheinlich nur einen sehr überschaubaren Umsatz erzielt, das aber äußerst genau dokumentiert. Dem Gelben wäre das Gespräch mit dem (Leid-)Geprüften viel wichtiger als die Prüfungsfeststellungen. Er prüft allenfalls „Pi mal Daumen". Wenn das Finanzamt in größerer Zahl Gelbe einstellen würde, wäre das Verhältnis zwischen Steuerzahler und Finanzamt viel entspannter. Falls Sie der Meinung sind, dadurch würde das Steueraufkommen deutlich sinken – ich bin genau anderer Ansicht! Die Gelben würden sich in die Situation der Steuerzahler hineindenken und Anstöße geben, deren Geschäft innovativer, kreativer und lukrativer zu gestalten. Von ihnen gingen unternehmerische Impulse aus, die neue Geschäftsmöglichkeiten erschließen. Sie würden den Fokus von den kleinlichen Vorschriften auf die Erfolgschancen durch eine gute Idee lenken. Ich bin fest davon überzeugt, dass hierdurch nicht nur das Steuerklima besser würde, sondern auch ein Schwung durch den Mittelstand ginge. Stellen Sie sich das einmal vor: ein Prüfer, der den Betrieb nicht mit Pingeligkeiten piesackt und lahmlegt, sondern neue Impulse gibt! Ich wette mit Ihnen, hierdurch würde die ganze Wirtschaft einen ermutigenden Impuls erfahren, ein Aufschwung mit steigenden Steuereinnahmen wäre die Folge.

- Ende des Traumes -

Was bedeutet das für Sie als Steuerberater? Lernen Sie die Welt der Finanzbeamten kennen! Sprechen Sie deren Sprache.

Unternehmen Sie gelegentlich Ausflüge in die Welt der andersfarbigen Mitarbeiter, Mandanten und Finanzbeamten. Machen Sie dabei gedankliche Experimente „was wäre wenn…?"

Die folgenden Punkte sind stark zusammengefasst. Genau genommen erfordert jeder einzelne Aspekt eine genauere Beschreibung und ein Konzept zur Berücksichtigung im Kanzleialltag. Das würde allerdings den Rahmen dieses Buches sprengen. Bitte nehmen Sie die genannten Punkte als Anregung, bei Bedarf darüber nachzudenken.

Wenn zu einzelnen Aspekten Interessiert sind, kommen Sie gerne auf die Autoren zu. Die Kontaktdaten finden Sie unter „Die SteuerberaterFührungsAkademie".

Führen mit Herz, Hand und Verstand

Was ist Führung? Führung ist der Grad der Zielerreichung und des Ausschöpfens von vorhandenem Potenzial.

Führung bedeutet nicht, andere so zu behandeln, wie sie es gerne hätten oder wie es dem Führenden angenehm ist. Führen bedeutet, andere so zu behandeln, dass sie sich entwickeln.

I. Aufgaben – Was ist zu tun?

a. Menschen fördern

Zunächst bedürfen die Begriffe Kompetenz und Engagement der Erläuterung:

Dies lässt sich sehr schön in einer Gleichung ausdrücken:

Kompetenz = Wissen x Erfahrung

Engagement = Ziele x Selbstvertrauen

Mitarbeiter entwickeln sich in vier Phasen, die jeweils einen eigenen Führungsstil verlangen.

1. Stufe: niedrige Kompetenz, hohes Engagement

    delegieren

    detaillierte Anweisungen erteilen

2. Stufe: etwas Kompetenz, weniger Engagement

    trainieren

    Den Mitarbeiter in geringem Umfang mit einbeziehen

3. Stufe: hohe Kompetenz, schwankendes Engagement

    fordern

    Den Mitarbeiter zu Ergebnissen verpflichten

4. Stufe: hohe Kompetenz, hohes Engagement

    delegieren

    Aufgaben komplett abgeben

Ziel: Bringen Sie die Mitarbeiter dazu, selbstfunktional zu sein.

Stärken Sie das Engagement Ihrer Mitarbeiter:

- Ziele stets präsent halten
- Öffentliche Anerkennung aussprechen
- Respekt zeigen, anerkennen
- Beteiligen, mit einbeziehen, Status festigen

Erhöhen Sie die Kompetenz Ihrer Mitarbeiter:

- Fördern durch Fordern: an die Leistungsgrenze bringen
- Fortbildungen, Lehrgänge
- Coaching durch kompetente Mitarbeiter
- Mentoringprogramm
- Kompetenzteam zum Wissenstransfer bilden
- Buchtipps geben (und kontrollieren, ob diese gelesen wurden)
- stärkengerecht einsetzen (weniger was er möchte als was er kann)
- kontrollieren (dabei das richtige Maß finden. Zu viel Kontrolle schadet dem starken Mitarbeiter, zu viel Vertrauen schadet dem schwachen Mitarbeiter)
- alle Formen der Zusammenarbeit.

Die Balance zwischen Vertrauen und Kontrolle.

b. Unternehmenszweck erfüllen

Der Zweck einer Steuerkanzlei ist es, Gewinn zu erwirtschaften. Gewinn ist dabei nicht Selbstzweck, sondern erforderlich, damit das Unternehmen weiterhin bestehen kann.

c. Systeme formen

Der aus unserer Sicht spannendste Aspekt überhaupt.

Die Kardinalsfrage eines Leaders lautet: Wie mache ich mich überflüssig, während die Ergebnisse des Unternehmens immer besser werden?

Ein Unternehmen ist ein Zusammenspiel von Systemen, die ohne das (laufende) Zutun des Unternehmers nachhaltig profitabel arbeitet.

„Die große Leistung einer Führungskraft besteht darin, erfolgreiche Systeme zu schaffen, die unabhängig vom Menschen erfolgreich sind.“

(Boris Grundl)

Damit wirksame Systeme entwickelt und installiert werden können, muss zunächst die Idee vereinfacht werden.

Erst vereinfachen, dann systematisieren.

Beispiel Automobilindustrie:

Anfang des 20. Jahrhunderts war die Fertigung von Autos aufwändige Handarbeit. Erst Henry Ford hat diesen komplexen Vorgang in einzelne Produktionsschritte zerlegt und vereinfacht. Das war die Voraussetzung für die Systematisierung, die zur Entwicklung des Fließbandes und der Massenproduktion von Automobilen führte. Dabei wurde die Arbeit stärker untergliedert, in anspruchsvolle sowie weniger anspruchsvolle Tätigkeiten. Somit konnten auch Arbeiter produktiv einbezogen werden, die die Voraussetzungen für eine Fertigung in der Manufaktur nicht besaßen.

d. Delegieren

Delegieren ist die Fähigkeit, Aufgaben so zu übergeben, dass der Delegierende mit der Qualität dessen, was zurückkommt, zufrieden ist.

Die Einstellung „Das mache ich lieber selbst“ ist eine Bankrotterklärung an die Fähigkeit, andere zu entwickeln.

Je mehr Sie erwarten, desto gründlicher müssen Sie Ihre Erwartungen erklären bzw. schriftlich fixieren.

e. Kontrollieren

Kontrollieren ist weniger ein Zeichen von Misstrauen und Fehlersuche. Kontrollieren ist ein Mittel zur Zielerreichung.

Es ist Aufgabe der Führung, Abweichungen von Vorgaben festzustellen und geeignete Maßnahmen einzuleiten.

Ganz wichtig: Statistiken sind Diener und nicht Herren.

II. Hilfsmittel – Wie erfolgt die Umsetzung?

a. Loben

Das wichtigste in einem persönlichen Gespräch ist IMMER: Bauen Sie das Selbstwertgefühl Ihres Gesprächspartners auf.

b. Umleiten

Man könnte es auch „indirektes Führen“ nennen. Bringen Sie ihn nebenbei durch kleine Hinweise auf die richtige Spur, die aber eigene Denkleistung erfordert.

Grund: Wenn der Mitarbeiter denkt, dass er gerade seine eigene Idee umsetzt, ist die Motivation zur Handlung wesentlich größer.

c. Kritik

Ein Kritikgespräch dient weder zum Frust abladen noch als Machtdemonstration und schon gar nicht zum „Niedermachen“ des Mitarbeiters.

Sein alleiniger Zweck ist: das Verhalten eines Mitarbeiters gezielt zu verändern.

d. Ergebnisorientierte Aufgabenbeschreibung

Eine Führungskraft verbringt viel Zeit damit dafür zu sorgen, dass die Mitarbeiter so klare Ziele im Kopf haben, dass sie praktisch auf „Autopilot“ schalten.

Um ein Unternehmen ergebnisorientiert strukturieren zu können, müssen zunächst die Verantwortungsbereiche klar definiert werden.

Wer nicht genau weiß, was von ihm erwartet wird, der tut eben das, was er meint tun zu müssen.

e. Budget

Budget bedeutet Führung über Zahlen. Es ermöglicht einen kontinuierlichen Soll-Ist-Vergleich zwischen den angestrebten und den erreichten Werten. So kann schnell reagiert werden, bevor die Entwicklung zu stark in die unerwünschte Richtung läuft.

Budgetiert werden können Erlöse, Kosten, Investitionen, Zeit und Energie.

Ein Budget ist der Bauplan für den Unternehmenserfolg.

Ein ungenauer Budgetplan ist besser als gar kein Budgetplan. Perfektion kann lähmen. Ein Budget ist ein Diener und nur bedingt ein Herr.

Wer nicht budgetiert, lädt zu Unselbständigkeit, Missbrauch und Korruption ein.

III. Prinzipien – Warum ist es zu tun?

a. Verantwortung übernehmen

Eigenverantwortung beginnt oben. Erst wenn sich der Leader für die Erreichung klar definierter Ziele in die Pflicht nimmt, tritt die erforderliche Identifikation ein. VerANTWORTung bedeutet, eine Antwort auf die Herausforderungen zu finden, die auf dem Weg zum Ziel auftreten.

Überragende Fortschritte werden erst dann eintreten, wenn Sie für wirklich alles in Ihrem Leben die volle Verantwortung übernehmen.

Nur wer selbst Verantwortung übernehmen kann, ist auch in der Lage, andere zur Verantwortung zu führen.

Mitarbeiter können nur nach einer Art gerecht bemessen werden: Welche Ergebnisse bringen sie für die Firma?

b. Ergebnisorientierung

Führung bedeutet: Resultate erzielen.

c. Konzentrieren auf Stärken

In Deutschland gibt es oft die Neigung, den Fokus darauf zu lenken, was noch fehlt. Dies ist bei Entwicklung und Fertigung von Produkten durchaus sinnvoll. Bei der Entwicklung von Menschen führt dies jedoch in die Mittelmäßigkeit. In der Produktion geht es darum, Fehler zu beseitigen. Bei Menschen geht es darum, das auszubauen, was da ist.

Wenn Sie Ihre Stärken konsequent ausbauen, ist Ihr Erfolg unaufhaltsam.

Sinnvoller als etwas neues zu entwickeln ist, vorhandenes zu fördern.

Suche die richtigen Mitarbeiter anstatt die vorhandenen zu ändern.

d. Positives Betriebsklima

Die zwei Komponenten für ein positives Betriebsklima sind:
Erstens: Kommunikation (das Senden einer Botschaft, das Empfangen einer Botschaft und das Beantworten einer Botschaft)
Zweitens: Geben Sie anderen, was sie brauchen. Mit Verständnis, Toleranz, Freundlichkeit (Liebe) erreichen wir alle Ziele leichter und rascher.

Goldene Regeln:

1. Ermutigen Sie bei jeder Gelegenheit. Loben Sie spezifisch, das Lob wird dadurch wirkungsvoller

2. Lassen Sie Ihr Gegenüber das Gesicht wahren. Stellen Sie niemals jemanden bloß.

3. Sprechen Sie über Dritte nur positiv oder schweigen Sie. „So wie Menschen über Dritte reden, so reden sie auch über Dich.“

4. Beobachten Sie aufmerksam. So werden Sie achtsamer und können bei Bedarf präzise loben.

5. Appellieren Sie stets an die edle Gesinnung Ihrer Mitarbeiter. Durch Ihre Gedanken und Erwartungen formen Sie sie.

6. Kritisieren Sie qualifiziert: sachorientiert und niemals auf die Person bezogen.

7. Lassen Sie die Größe anderer zu. Seien Sie authentisch.

8. Geben Sie eigene Fehler zu, entschuldigen Sie sich.

9. Statt zu befehlen machen Sie Vorschläge. Das kann von dem anderen viel leichter angenommen werden.

10. Begegnen Sie der Verärgerung anderer mit Verständnis. Dahinter steckt oft das Bedürfnis nach mehr Aufmerksamkeit.

11. Stellen Sie offene Fragen, hören Sie mehr zu.

12. Lassen Sie dem anderen den Glauben, die Idee stamme von ihm. Jeder möchte lieber seine eigenen als fremde Ideen umsetzen.

13. Lassen Sie den anderen stets ausreden. Er wird Ihnen erst zuhören, wenn er losgeworden ist, was er auf dem Herzen hatte.

14. Versetzen Sie sich in die Lage des anderen und sehen Sie die Dinge von seinem Standpunkt aus. Das bedeutet nicht, dass Sie mit der Sichtweise einverstanden sein müssen. Doch Sie gewinnen größeres Verständnis.

15. Sie müssen nicht immer Recht haben – besonders nicht, wenn dadurch andere beschädigt würden. Die Frage ist: was bringt uns jetzt weiter?

16. Machen Sie kleine Geschenke auch ohne äußeren Anlass. Es zeigt, dass Sie an andere denken.

17. Seien Sie authentisch – auch Sie sind kein Übermensch. Gelegentliche selbstkritische Betrachtung kann hilfreich sein.

18. Interessieren Sie sich mehr für den anderen als für sich selbst. Sie werden eine Menge erfahren und lernen.

19. Lächeln Sie – Lächeln steckt an und hebt die Stimmung, bei Ihnen und den Menschen um Sie herum.

20. Zeigen Sie Respekt und sprechen Sie den anderen immer mit seinem Namen an.

21. Nochmals in die Schuhe des anderen: Was braucht er wirklich? Wie kann ich ihm geben, was er braucht. Vorsicht: was er will und was er braucht kann manchmal weit auseinanderliegen.

22. Seien Sie ein Wohlfühlspezialist: sorgen Sie dafür, dass sich jeder nach einem Gespräch mit Ihnen besser fühlt. Davon profitieren alle Beteiligten – und das Unternehmen.

23. Vergeben Sie nach einem Ärger schnell. Weniger des anderen willen als wegen Ihnen selbst. Das Leben ist zu kurz, um es mit schlechter Stimmung zu vergeuden.

Hier nochmals die drei wichtigsten Punkte:

- KONZENTRIEREN SIE SICH VOLL UND GANZ AUF IHRE MITARBEITER

- FINDEN UND LEBEN SIE IHRE VISION – FÜR IHR UNTERNEHMEN UND IHR LEBEN

- ÜBERNEHMEN SIE DIE VERANTWORTUNG

Stärken Sie Ihre Energie

Nutzen Sie die Kraft der Autosuggestion. Hier finden Sie zwei sehr wirksame Anwendungen.

Emil Cué, ein Apotheker aus dem 19. Jahrhundert hat festgestellt, dass eine bestimmte Suggestion für seine Kunden heilsamer war als die von ihm verabreichte Medizin. Deshalb gab er zu seinen Arzneien folgendes Anwendungsrezept:

"Es geht mir von Tag zu Tag und in jeder Hinsicht immer besser und besser und besser."

- 3 x täglich 25 Wiederholungen

Und Nikolaus B. Enkelmann, der große alte Mann der Hypnose und Autosuggestion empfiehlt zur Stärkung der Führungskraft diese (von mir leicht abgewandelte) Übung:

"Ich bin eine einflussreiche Persönlichkeit.
Eine einflussreiche Persönlichkeit ist ein Meister in der Kunst der Menschenführung.
Auch ich werde mehr und mehr ein Meister in der Kunst der Menschenführung und mich täglich und bei jeder Gelegenheit darin üben.
Mein starkes Selbstvertrauen und meine Kontaktfreudigkeit erleichtern mir den Zugang zu den Menschen.
Ich bin ein zielbewusster Mensch, der Menschen führt und begeistert."

1 x täglich 4 Wiederholungen

Seien Sie achtsam! Diese Bereiche haben einen überaus machtvollen Einfluss auf Ihre Gedanken, Ihre Worte, Ihre Umgebung und Gewohnheiten

“Achte auf Deine Gedanken, denn sie werden Deine Worte.

Achte auf Deine Worte, denn sie werden Deine Gefühle.

Achte auf Deine Gefühle, denn sie werden Dein Verhalten.

Achte auf Deine Verhaltensweisen, denn sie werden Deine Gewohnheiten.

Achte auf Deine Gewohnheiten, denn sie werden Dein Charakter.

Achte auf Deinen Charakter, denn er wird Dein Leben.

Achte auf Dein Leben, indem Du jetzt auf Deine Gedanken achtest.“

(Aus dem Talmud)

DIE STEUERBERATERFÜHRUNGSAKADEMIE

Die einseitige Fachorientierung der Steuerberaterausbildung stellt für alle Beteiligten, die Berufsträger selbst, die Mitarbeiter und Mandanten und die Finanzbeamten vor Schwierigkeiten. Von einer umfassenderen Vorbereitung der Steuerberater würden alle profitieren.

Um diese Entwicklung voran zu bringen, hat Manfred Strobl zusammen mit Mathias Paul Weber die **SteuerberaterFührungsAkademie AKTIV.S** gegründet.

Das folgende Schaubild verdeutlicht auf einen Blick, worin die Unterschiede zu den Vorbereitungen auf die Steuerberaterausbildung bestehen.

„Nicht für das Leben, sondern für die Prüfung lernen wir", könnte das Motto der traditionellen Steuerberaterausbildung sein.

AKTIV.S setzt hier einen Gegentrend. Der Steuerberater der Zukunft braucht Führungsqualitäten – für den Beruf und fürs Leben.

Die Autoren haben lange überlegt, wie es gelingt, Persönlichkeitsentwicklung und Führungskraft für Steuerberater wirksam zu vermitteln. Und wie dies in einem zeitlich optimierten Rahmen erfolgen kann.

Das Ergebnis ist das 7-Seminar-Konzept.

Kontakt:

AKTIV.S

SteuerberaterFührungsAkademie

Parkallee 17

99734 Nordhausen

Tel: 03631 - 6083 - 41

Fax: 03631 - 6083 – 50

info@aktivs.de

www.aktivs.de

Die sieben Seminare

In 7 aufeinander aufbauenden Seminaren wird der im Steuerwissen starke Steuerberater auch in den anderen Bereichen fit gemacht. Die Seminare gehen über drei Tage und verbinden die Vermittlung von Wissen mit der praktischen Anwendung. Besonderen Wert legt die Akademieleitung auf den nachhaltigen Erfolg durch die praktische Anwendung des erworbenen Wissens. So kommen die Teilnehmer vom KENNEN über das TUN zum KÖNNEN.

Bestimmt kennen Sie die folgende Lernkurve:

Wir behalten:

10% von dem, was wir lesen

20 % von dem, was wir hören

30 % von dem, was wir sehen

50 % von dem, was wir hören und sehen

70 % von dem, was wir selbst sagen

90 % von dem, was wir selbst tun

Die Seminare im Einzelnen:

1. Erfolgreiche Steuerberater sind Menschenspezialisten

„Das Rüstzeug“

Das intensivste und naturverbundenste Seminar der gesamten Akademie – auf der einzigen Klausuralm der Welt in Grünau/Österreich auf 1.200 m Höhe statt. Unvergleichliche und tiefgehende Erfahrungen erwarten Sie, die weit über Steuerberatung hinausgehen und Sie in Ihrer Persönlichkeit bereichern.

Sie lernen die Irrtümer und Herausforderungen der Steuerberater kennen und erfahren Wege, wie Sie diesen begegnen können, um Ihre berufliche Zukunft erfolgreich und nachhaltig gestalten. Sie erfahren, warum es gerade für Steuerberater existenziell wichtig ist, ein Menschenspezialist zu sein. Sie machen erste konkrete Schritte auf diesem Weg, die Vertiefung erfolgt in den weiteren Seminaren der Akademie.

Sie lernen die Gesetzmäßigkeiten des Lebens kennen. Sie erfahren, was Menschen wirklich bewegt und motiviert. Sie entwickeln ein besseres und tieferes Verständnis für die Menschen um sich herum.

2. Verhandeln mit dem Finanzamt

„Das Mindset“

Das Seminar für Praktiker mit Deutschlands erstem SteuerConflictCoach.

In diesem intensiven Seminar erfahren Sie die Grundlagen des Verhandelns mit dem Finanzamt. Sie lernen bewährte und ausgewählte Methoden kennen, die bei Ihren Verhandlungspartnern wirken.

Sie tauchen in die Welt des Finanzamts ein und erfahren, was den Finanzbeamten bewegt und welchen Mechanismen er unterliegt. Sie lernen die Denk- und Vorgehensweise der Verwaltung kennen.

Neben der Vermittlung von neuen Erkenntnissen werden Sie auch die Anwendung der Lerninhalte intensiv üben. Mit dem Wissen aus diesem Seminar brauchen Sie keiner Diskussion mit dem Finanzamt mehr aus dem Wege zu gehen.

Denn auch beim Fiskus gilt die Weisheit: „Sie bekommen nicht, was Sie verdienen. Sie bekommen, was Sie verhandeln.“

3. Naturkonforme Steuerberatung

„Richtig positioniert in Ihre Steuernische“

In diesem Seminar lernen Sie Ihre Stärken im Feld der Steuerberatung und Ihr ganz besonderes Talente-Profil kennen. In intensiven Einheiten erarbeiten Sie, wo Ihre Leuchtturm-Position im weiten Feld der Steuerberatung ist. Sie definieren zudem Ihre aussichtsreichste Zielgruppe. Sie erfahren Ihr persönliches „was“, „wie“, „mit wem“, „für wen“.

Nach dem Seminar haben Sie ein klares Ziel und eine eindeutige Wegbeschreibung.

Grundlage der Konzeption ist die „Engpasskonzentrierte Strategie“, zugeschnitten auf die Besonderheiten und Anforderungen der Steuerberater. Grundlage der Konzeption ist die „Engpasskonzentrierte Strategie“, zugeschnitten auf die Besonderheiten und Anforderungen der Steuerberater.

Entdecken Sie Ihre Berufung und die Potenziale die in Ihnen liegen. Natürlich geht es um Ihren Weg, der von Ihnen Schritt für Schritt zu gehen ist.

4. Souverän durch die Betriebsprüfung

„Auf Augenhöhe mit dem Finanzamt“

Betriebsprüfungen sorgen regelmäßig für Anspannung bei Steuerberatern.

Gerade unerfahrene KollegInnen wissen nicht wirklich, was auf sie zukommt und sind mit Abläufen, Sachverhalten und den Vorgehensweisen des Finanzamts leicht überfordert. Zudem erwartet Ihr Mandant von Ihnen souveränes Auftreten und Führungsstärke.

Die Finanzverwaltung hingegen wartet mit immer neuen Prüfungsmethoden und Anforderungen auf. Die Prüfer sind zudem immer besser ausgebildet und mit moderner Hard- und Software ausgestattet. Und gelegentlich versuchen die Prüfer auch mit Tricks, ein Mehrergebnis zu erreichen.

In diesem Seminar entwickeln Sie die Erkenntnisse aus „Verhandeln mit dem Finanzamt“ systematisch weiter und werden so für jeden Prüfer zu einem Partner auf Augenhöhe. So führen Sie Prüfer und Mandant sicher und souverän durch die Prüfung.

Gerade in der Betriebsprüfung gilt: „Das Steuern ist wichtiger als die Steuern!“

5. Visionäres Leadership

„Führen mit Herz, Hand und Verstand"

Das Aufbauseminar von „Naturkonforme Steuerberatung". Sie erfahren Kanzleiführung und Entwicklung über den Tellerrand hinaus. Wir richten den Blick nach oben nach vorne. Die Arbeitsbelastung beispielsweise durch Abschlusserstellung ist zum Teil hausgemacht. Durch einfache Mittel lässt sich das Problem in den Griff bekommen und noch viele andere praxiserprobte Tipps und Tricks, die Ihnen das Tagesgeschäft erleichtern.

Sie erfahren, wie Sie eine Kanzleivision entwickeln und diese Schritt für Schritt in die Tat umsetzen. Das Ziel: Sie lassen sich weniger von den „Umständen" bestimmen, sie steuern diese selbst. Die Steuerberater der Zukunft sind VISIONÄRE LEADER, in deren Herzen eine Vision brennt, die in der Lage sind auch andere in Brand zu setzen. Wer das beherrscht, begeistert Mitarbeiter und Mandanten.

6. Mein schwerster Steuerfall

„Der Feinschliff"

Sie wenden die Erkenntnisse aus den Seminaren „Verhandeln mit dem Finanzamt" und „Souverän durch die Betriebsprüfung" schon erfolgreich in der Praxis an.

Ihre fachliche und emotionale Kompetenz ist deutlich gestiegen. Dennoch gibt es noch vereinzelt Fälle, in denen Sie nicht wirklich vorankommen. Hier setzt das Seminar an. Dabei geht es nicht um den steuerfachlichen Teil, sondern um das strategische und taktische Vorgehen, Ihren schwersten Steuerfall zu lösen.

Der Ablauf: Jeder Teilnehmer teilt dem Seminarleiter rechtzeitig vor Seminarbeginn detailliert den zu klärenden Fall mit. Dabei schildert er auch seine bisherigen Lösungsansätze und den Grund der besonderen Schwierigkeit.

Nochmals der Hinweis: steuerliche Rechtsfragen stehen dabei nicht zur Debatte. Es geht um die Erweiterung Ihrer Problemlösungskompetenz.

Aufgrund der Intensität des Seminars ist die Teilnehmerzahl auf maximal 12 Personen beschränkt.

.Ihr Nutzen:

Sie erhalten Strategien und taktische Hinweise zur Lösung Ihres persönlich schwersten Steuerfalles. Zusätzlich profitieren Sie von den Fällen der anderen Teilnehmer.

7. Mitarbeiterorientierte Kanzleiführung

„Jeder Teamspieler am richtigen Platz“

Wie jeder Steuerberater hat auch jeder Mitarbeiter besondere Stärken und weniger ausgeprägte Kompetenzen. In diesem Seminar erfahren Sie, wie Sie Ihre Kanzlei ganz auf die Mitarbeiter ausrichten, um Ihre Kraft und Philosophie zu multiplizieren. Sie lernen, wie Sie Ihre Mitarbeiter richtig einschätzen und Sie ihnen den Platz zuweisen, auf dem sie regelrecht aufblühen können.

Der Steuerberater der Zukunft ist mitarbeiterorientiert. Er baut um sich ein begeistertes Team auf, das mit seiner brennenden Begeisterung sich voll auf seine Kunden orientiert.

Denn nur begeisterte Mitarbeiter können Kunden begeistern. Und nur begeisterte Kunden bringen neue Kunden. Wer über seine begeisterten Mitarbeiter nachhaltig seine Kunden begeistert hat ein funktionierendes Empfehlungsmarketing.

Steckt nicht in jedem Unternehmen ungenutztes Potential?

Dann wird es Zeit, etwas zu verändern!

Weitere Informationen zu den Seminaren, den Veranstaltungsorten und den Terminen finden Sie unter:

www.aktivs.de.

Die Autoren

Mathias Paul Weber, der Finanzamt-Experte

Als früherer Finanzbeamter und ehemaliger langjähriger Steuerberater kennt er die Finanzverwaltung von allen Seiten. Besonders erfahren ist er in den Strukturen der Behörde sowie in den Denk- und Vorgehensweisen der Finanzbeamten.

Mathias Paul Weber steht für Souveränität im Finanzamt. Er ist Autor und Vortragsredner, hält Seminare und gibt Workshops. Seinen Rat suchen Steuerzahler wie Steuerberater.

Die FAZ schreibt über ihn: „Wenn gar nichts mehr geht, vermittelt Mathias Paul Weber. Er ist Deutschlands erster SteuerConflictCoach."

Gemeinsam mit Manfred Strobl gibt er an der SteuerberaterFührungsAkademie AKTIV.S sein Wissen weiter.

Manfred Strobl, der Kanzlei-Experte

Manfred Strobl hat die Steuerberatung von der Pike auf gelernt. Er baute als Steuerberater mehrere Kanzleien auf und beschäftigte zu Spitzenzeiten 22 Mitarbeiter.

Er ist erfahren in der Übernahme und Neuorganisation von Kanzleien. Seine Leidenschaft ist die Menschenorientierung in der Steuerkanzlei, dabei kommt ihm seine systemische Ausbildung sehr zugute.

Manfred Strobl hat sich aus der aktiven Steuerberatung zurückgezogen. Er widmet sich nun in der von ihm gegründeten SteuerberaterFührungsAkademie AKTIV.S der zukunftsorientierten Ausbildung von Steuerberatern.

Sein Credo:
„Fachwissen kannst Du kaufen. Erfolg und Persönlichkeit nicht."

LITERATURVERZEICHNIS

Birkenbihl, Vera F.: Jeden Tag weniger ärgern – Das Anti-Ärger-Buch, Weltbild-Verlag 2006

Bruno / Adamczyk / Gessner: Menschen einschätzen und überzeugen, Haufe Taschenguide 2012

Childre, Doc: Die Herzintelligenz entdecken, VAK Verlags GmbH 2003

Enkelmann, Nikolaus B. / Tschernutter, Manfred: Mehr als überzeugen, Linde Verlag 2006

Etrillard, Stéphane: Mit Diplomatie zum Ziel – Wie gute Beziehungen Ihr Leben leichter machen, Gabal 2013

Frei, Irene Thomas: Das Lebensspiel. Die Regeln verstehen, anwenden – und gewinnen, arkana-Verlag

Fuchs, Helmut / Huber, Andreas: Gefühlsterroristen - erkennen, durchschauen, entwaffnen, dtv premium 2005

Grundl, Boris und Schäfer, Bodo: Leading Simple – Führen kann so einfach sein, CD-Set und Arbeitsbuch, Gabal Verlag

Herzlieb, Heinz-Jürgen: Konflikte lösen – Konfliktpotenziale erkennen – in Konfliktsituationen souverän agieren, Cornelsen Pocket Business 2004

Kuhn, Oliver: Der perfekte Verführer, Knaur 2007

Küstenmacher, Werner Tiki: Simplify your Life – einfacher und glücklicher leben, Campus Verlag 2001

Miedaner, Talane: Coach dich selbst sonst coacht dich keiner. Mvg verlag 2002

Moestl, Bernhard: Das Shaolin-Prinzip. Tue nur, was Du selbst entschieden hast, Knaur 2012

Moestl, Bernhard: Shaolin. Du musst nicht kämpfen, um zu siegen, Knaur 2008

Neusel, Tibet: Streiten mit dem Finanzamt, Linde Verlag 2004

Pilsl, Karl: Der Unternehmer als Menschenspezialist, DVD, Verlag Gute Nachricht

Pilsl, Karl: Der sich multiplizierende Menschenspezialist, CD-Set, Verlag Gute Nachricht

Pilsl, Karl: Die naturkonforme Strategie, Verlag Gute Nachricht

Rath, Tom / Cliften, Donald O.: How full is your bucket?, Gallup press 2002

Scheelen, Frank M: Menschenkenntnis auf einen Blick, mvg verlag 2002

Schmidt-Tanger, Martina: Charisma-Coaching – Von der Ausstrahlungskraft zur Anziehungskraft, Junfermann 2010

Schott, Barbara / Troczynski, Peter: Verhandeln, Haufe Taschenguide 2012

Sunzi: Die Kunst des Krieges, Knaur MensSana 2001

Tepperwein, Kurt: Die Kunst, das Leben selbst zu steuern, mvg-Verlag 2003

Topf, Cornelia / Reiter, Michael: Sympathien gewinnen, Haufe Taschenguide 2012

Wehrheim, Frank: Inside Steuerfahndung, Riva 2011

Ziglar, Zig: Der totale Verkaufserfolg, Redline Verlag 2010

5117021R00082

Printed in Germany
by Amazon Distribution
GmbH, Leipzig